AF195054

Impressum
Verlag: BABADADA GmbH, Nedderfeld 112 , 22529 Hamburg
Geschäftsführer / Verlagsleitung: Harald Hof
Druck: Books on Demand GmbH, In de Tarpen 42, 22848 Norderstedt

Imprint
Publisher: BABADADA GmbH, Nedderfeld 112 , 22529 Hamburg, Germany
Managing Director / Publishing direction: Harald Hof
Print: Books on Demand GmbH, In de Tarpen 42, 22848 Norderstedt

School

koulu

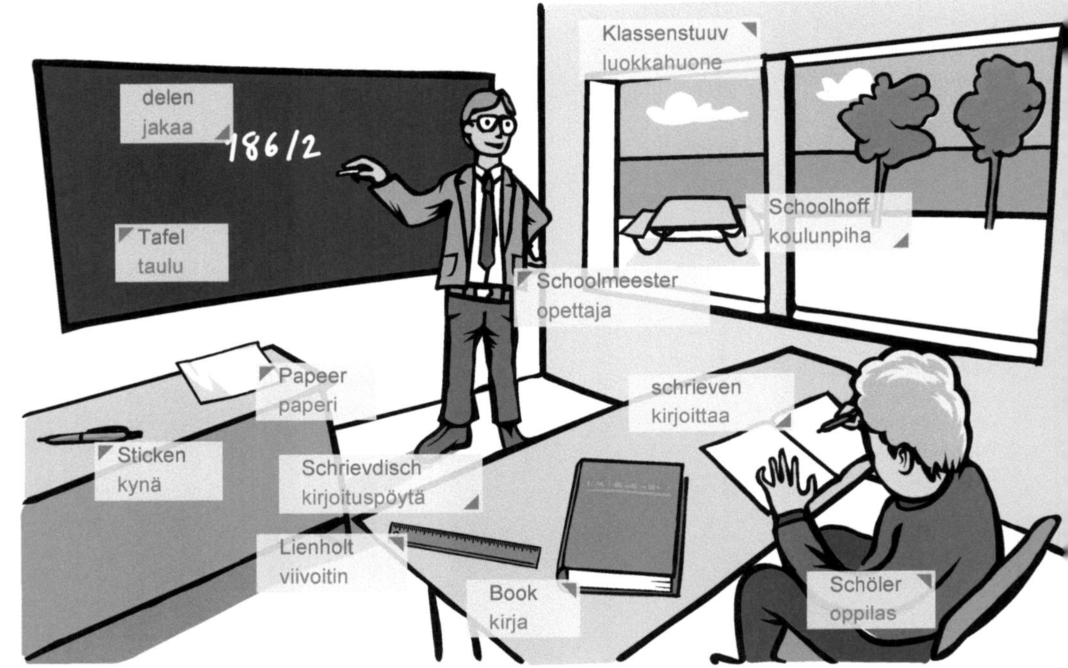

Klassenstuuv
luokkahuone
delen
jakaa
186/2
Tafel
taulu
Schoolhoff
koulunpiha
Schoolmeester
opettaja
Papeer
paperi
schrieven
kirjoittaa
Sticken
kynä
Schrievdisch
kirjoituspöytä
Lienholt
viivoitin
Book
kirja
Schöler
oppilas

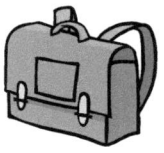

Ranzel

reppu

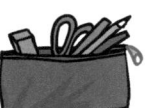

Feddermapp

penaali

Bleesticken

lyijykynä

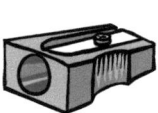

Scharpmaker

kynänteroitin

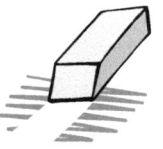

Radeergummi

pyyhekumi

Tekenblock

piirustuslehtiö

Teken

piirustus

Pinsel

pensseli

Malkassen

vesivärit

Scheer

sakset

Klever

liima

Heft to'n Öven

harjoituskirja

Huusopgaav

kotitehtävä

Tall

luku

2+2

tohooptellen

lisätä

5-2

aftrecken

vähentää

2×2

malnehmen

kertoa

reken

laskea

A

Bookstaav

kirjain

ABCDEFG
HIJKLMN
OPQRSTU
VWXYZ

ABC

aakkoset

Woort

sana

Text

teksti

lesen

lukea

Kried

liitu

Stunn

oppitunti

Klassenbook

opettajan muistikirja

Pröven

koe

Tüügnis

todistus

Schooluniform

koulupuku

Utbillen

koulutus

Nakieksel

sanakirja

Universität

yliopisto

Mikroskop

mikroskooppi

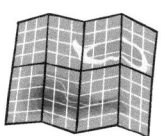

Koort

kartta

Papeerkorf

roskakori

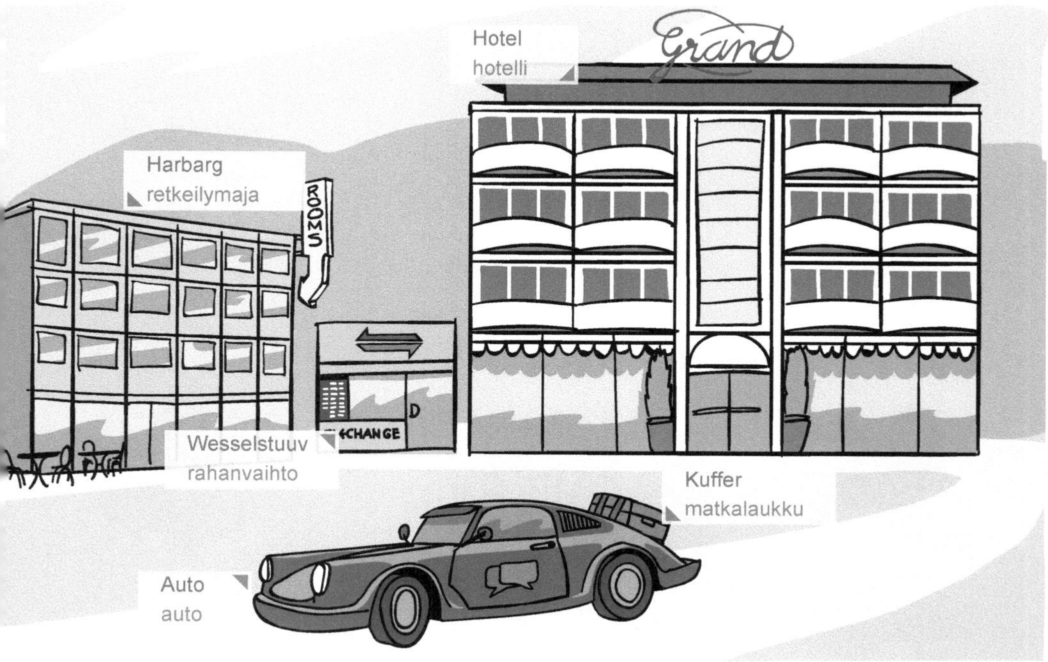

Hotel
hotelli
Grand
Harbarg
retkeilymaja
ROOMS
Wesselstuuv
rahanvaihto
EXCHANGE
Kuffer
matkalaukku
Auto
auto

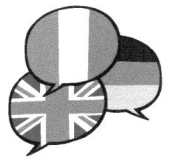

Spraak

kieli

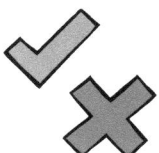

jo / ne

kyllä / ei

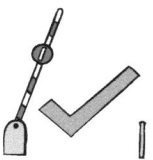

Jo

selvä

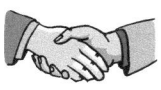

Moin

hei

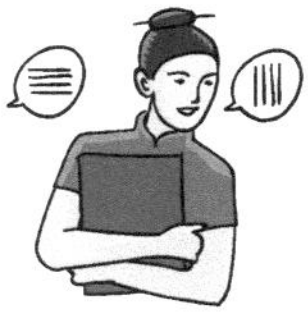

Översetter

tulkki

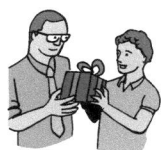

Dank ok

kiitos

Wat kost...?

Paljonko...maksaa?

Ik verstah nich

en ymmärrä

Problem

ongelma

Goden Avend

Hyvää iltaa!

Moin!

Hyvää huomenta!

Gode Nacht!

Hyvää yötä!

Tschüüs

näkemiin

Richt

suunta

Bagaasch

matkatavarat

Tasch

laukku

Rüchsack

reppu

Gast

vieras

Stuuv

huone

Slaapsack

makuupussi

Telt

teltta

Touristeninformatschoon

turisti-info

Strand

ranta

Kreditkoort

luottokortti

Fröhstück

aamupala

Meddageten

lounas

Avendeten

päivällinen

Fohrkort

matkalippu

Fohrstohl

hissi

Breefmark

postimerkki

Grenz

raja

Toll

tulli

Bottschop

suurlähetystö

Visum

viisumi

Pass

passi

Transport
kuljetus

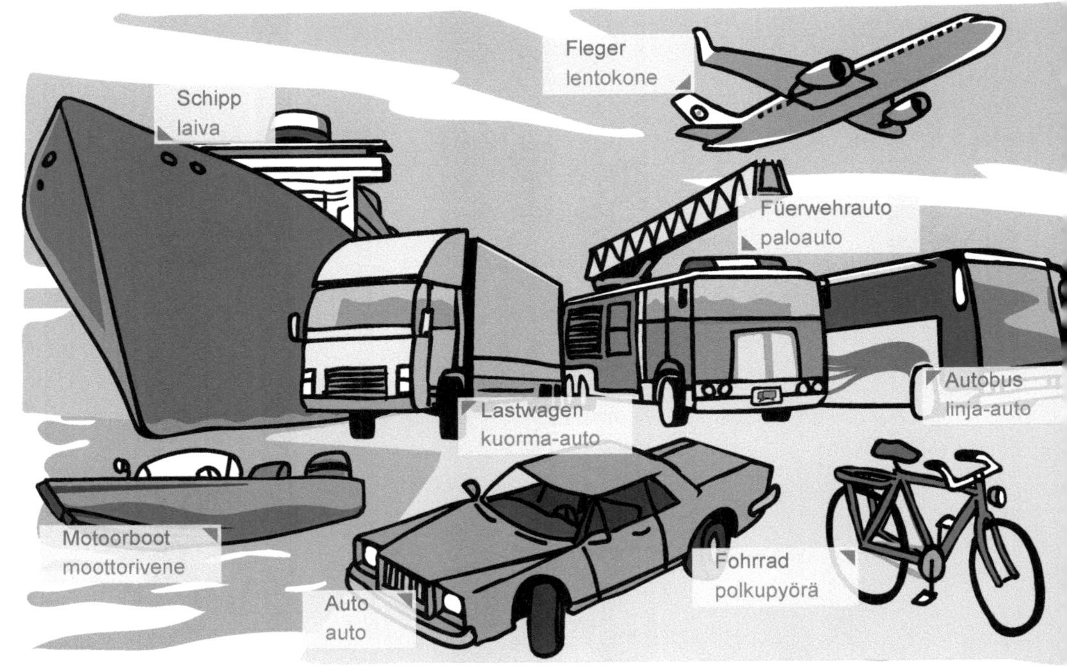
Fleger
lentokone
Schipp
laiva
Füerwehrauto
paloauto
Autobus
linja-auto
Lastwagen
kuorma-auto
Motoorboot
moottorivene
Fohrrad
polkupyörä
Auto
auto

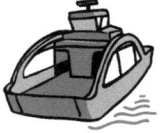

Fähr

lautta

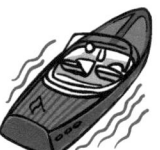

Boot

vene

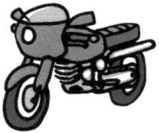

Motoorrad

moottoripyörä

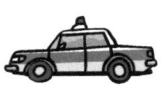

Polizeiauto

poliisiauto

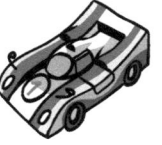

Rönnauto

kilpa-auto

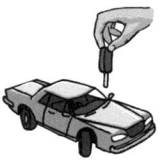

Lehnwagen

vuokra-auto

Carsharing

car sharing

Afsleepwagen

hinausauto

Müllauto

roska-auto

Motoor

moottori

Kraftstoff

polttoaine

Tanksteed

huoltoasema

Verkehrsschild

liikennemerkki

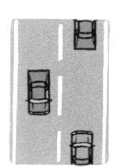

Verkehr

liikenne

Stau

ruuhka

Afstellplatz

parkkipaikka

Bahnhoff

rautatieasema

Sporen

raiteet

Tog

juna

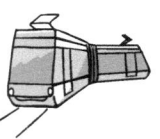

Stratenbahn

raitiovaunu

Wagon

vaunu

Dwarsmöhl

helikopteri

Flooghaven

lentokenttä

Tower

lähilennonjohto

Fohrgast

matkustaja

Grootkist

kontti

Karton

pahvilaatikko

Koor

kärryt

Korf

kori

starten / lannen

nousta / laskea

Stadt
kaupunki

Dörp

kylä

Binnenstadt

keskusta

Huus

talo

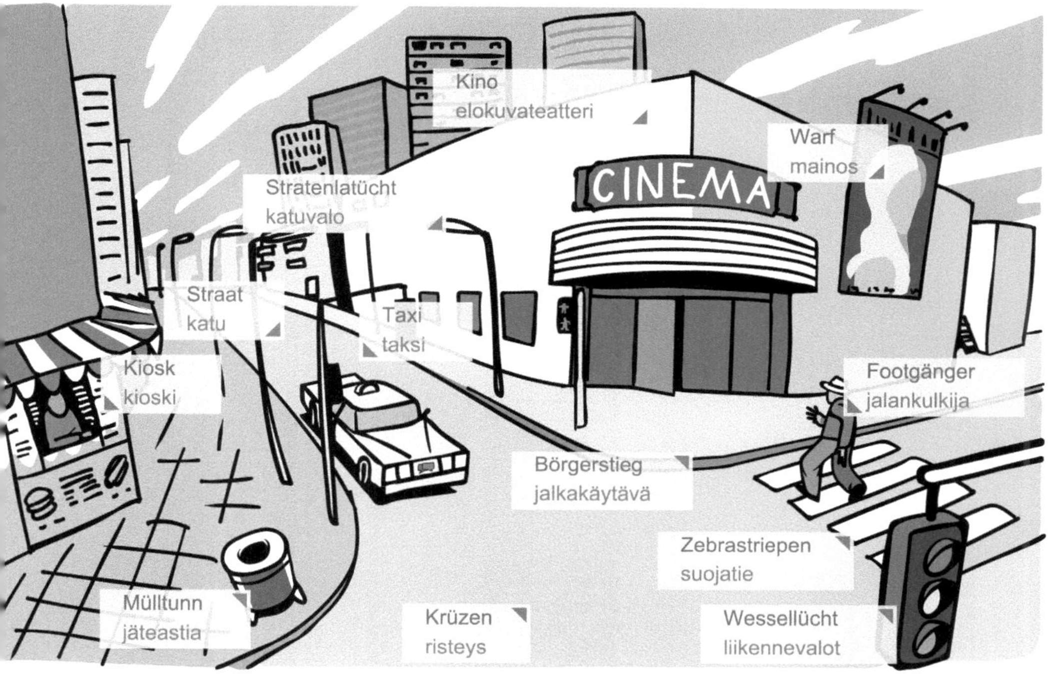
CINEMA
Kino
elokuvateatteri
Warf
mainos
Stratenlatücht
katuvalo
Straat
katu
Taxi
taksi
Kiosk
kioski
Footgänger
jalankulkija
Börgerstieg
jalkakäytävä
Zebrastriepen
suojatie
Mülltunn
jäteastia
Krüzen
risteys
Wessellücht
liikennevalot

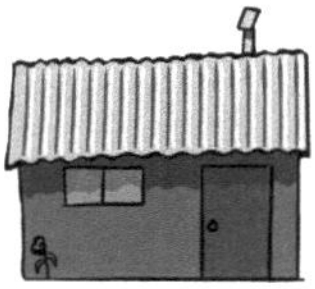

Hütt

mökki

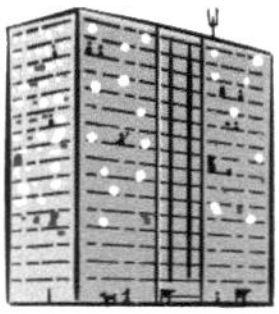

Wahnung

kerrostalo

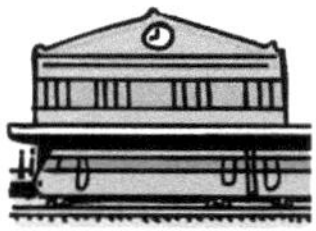

Bahnhoff

rautatieasema

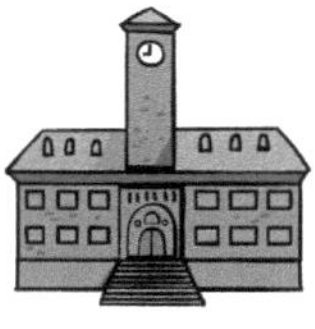

Raathuus

kaupungintalo

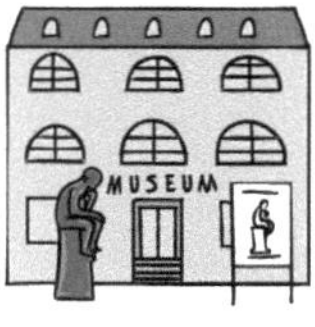
MUSEUM

Museum

museo

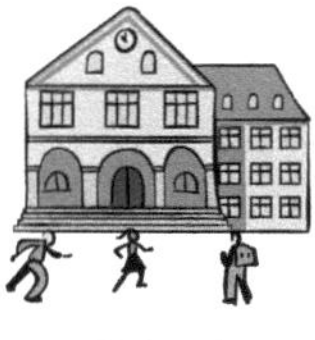

School

koulu

Universität

yliopisto

Bank

pankki

Krankenhuus

sairaala

Hotel

hotelli

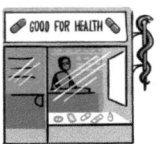

Afteek

apteekki

Büro

toimisto

Bookhökerie

kirjakauppa

Hökerie

liike

Blomenhökerie

kukkakauppa

Supermarkt

supermarketti

Markt

tori

Koophuus

tavaratalo

Fischhökerie

kalakauppias

Inkoopszentrum

ostoskeskus

Haven

satama

Parkanlaag

puisto

Bank

penkki

Brüch

silta

Trepp

portaat

Ünnergrundbahn

metro

Tunnel

tunneli

Busstoppsteed

linja-autopysäkki

Bar

baari

Spieslokal

ravintola

Breefkassen

postilaatikko

Stratenschild

katukyltti

Parkklock

parkkimittari

Deertenpark

eläintarha

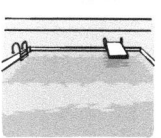

Baadanstalt

uimala

Moschee

moskeija

Buernhoff

maatila

Ümweltversmudden

ympäristön saastuminen

Karkhoff

hautausmaa

Kark

kirkko

Speelplatz

leikkikenttä

Tempel

temppeli

Landschop
maisema

![Landscape illustration with labels: Blatt / lehti, Wiespahl / tienviitta, Weg / tie, Wisch / niitty, Steen / kivi, Boom / puu, Wannerer / retkeilijä, Fluss / joki, Gras / ruoho, Bloom / kukka]

Daal

laakso

Barg

vuori

See

järvi

Holt

metsä

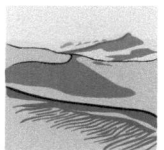

Wööst

aavikko

Füerspien Barg

tulivuori

Slott

linna

Regenbagen

sateenkaari

Poggenstohl

sieni

Palm

palmu

Steekmück

hyttynen

Fleeg

kärpänen

Miegeemk

muurahainen

Imm

mehiläinen

Spinn

hämähäkki

Sebber

kovakuoriainen

Pogg

sammakko

Katteker

orava

Swienegel

siili

Haas

jänis

Uul

pöllö

Vagel

lintu

Swaan

joutsen

Wildswien

villisika

Hirsch

peura

Elk

hirvi

Staudamm

pato

Windrad

tuulimylly

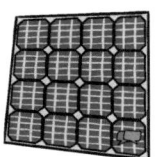

Solarmodul

aurinkopaneeli

Klima

ilmasto

Spieslokal
ravintola

Kellner
tarjoilija
Spieskoort
ruokalista
Stohl
tuoli
Supp
keitto
Pizza
pitsa
Dischdeek
pöytäliina
Bestick
ruokailuvälineet

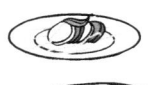

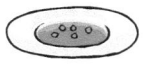

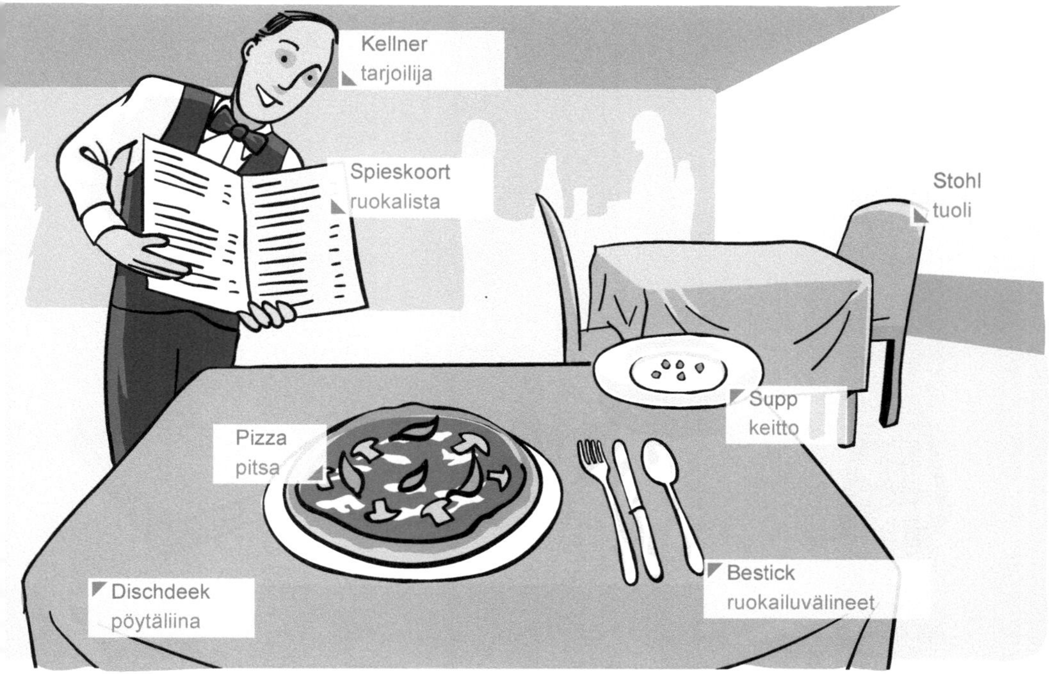

Vörspies

alkuruoka

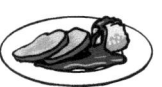

Haupteten

pääruoka

Nadisch

jälkiruoka

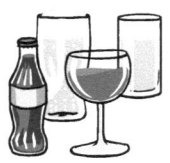

Drünk

juomat

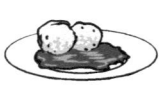

Eten

ruoka

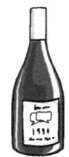

Buddel

pullo

Fastfood

pikaruoka

Strateneten

katuruoka

Teekann

teekannu

Zuckerdoos

sokeriastia

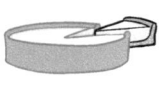

Portschoon

annos

Espressomaschien

espressokeitin

Hoochstohl

syöttötuoli

Reken

lasku

Tablett

tarjotin

Mess

veitsi

Gavel

haarukka

Lepel

lusikka

Teelepel

teelusikka

Munddook

servietti

Glas

lasi

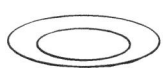

Töller
lautanen

Suppentöller
syvä lautanen

Ünnertass
aluslautanen

Sooß
kastike

Soltstreuer
suolasirotin

Pepermöhl
pippurimylly

Etig
etikka

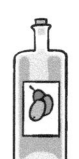

Ööl
öljy

Krüder
mausteet

Ketchup
ketsuppi

Mostrich
sinappi

Mayonnaise
majoneesi

Supermarkt
supermarketti

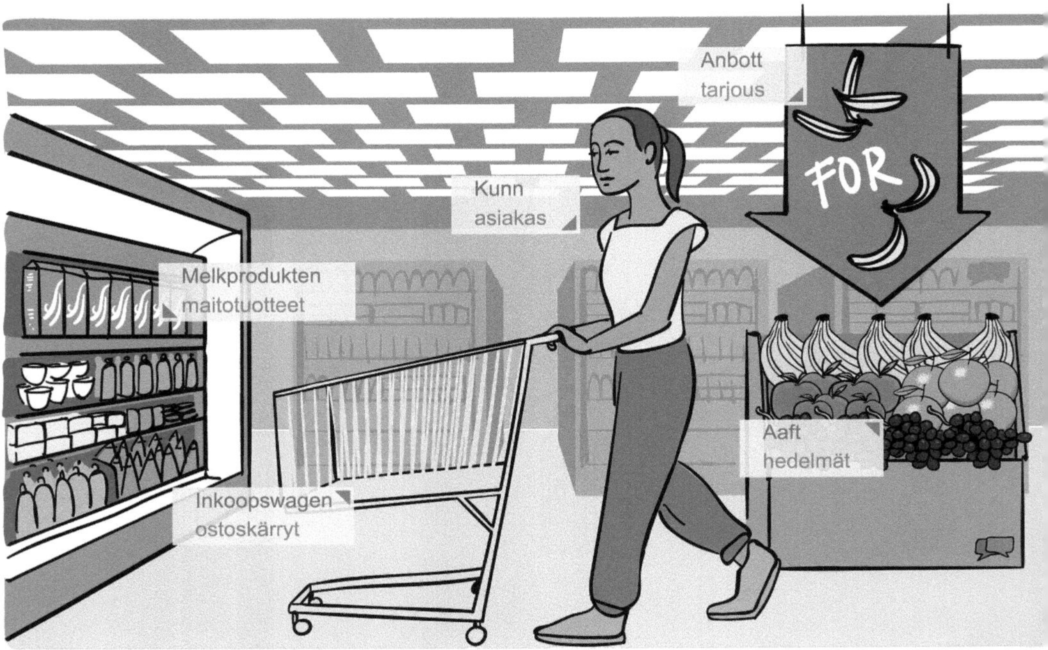

Anbott
tarjous
FOR
Kunn
asiakas
Melkprodukten
maitotuotteet
Aaft
hedelmät
Inkoopswagen
ostoskärryt

BUTCHERS

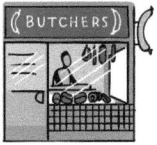

Slachterie

teurastamo

BAKERY

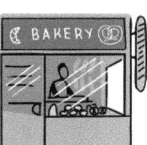

Bäckerie

leipomo

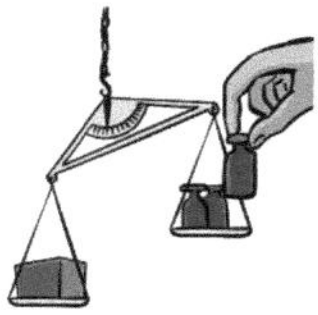

wegen

punnita

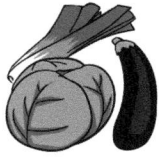

Gröönsaken

kasvikset

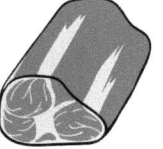

Fleesch

liha

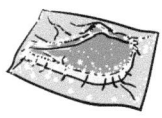

Deepköhlkost

pakasteet

Opsnitt

leikkele

Konserven

säilykkeet

Waschmiddel

pesujauhe

Snoopkraam

makeiset

Huushooltssaken

kotitaloustarvikkeet

Reinmaaktüüch

puhdistusaineet

Verköpersche

myyjä

Kass

kassa

Kasserer

kassanhoitaja

Inkoopslist

ostoslista

Opsparrtieden

aukioloajat

Breeftasch

lompakko

Kreditkoort

luottokortti

Tasch

kassi

Plastiktüüt

muovipussi

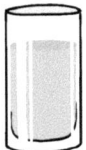

Water

vesi

Saft

mehu

Melk

maito

Cola

kokis

Wien

viini

Beer

olut

Spriet

alkoholi

Kakao

kaakao

Tee

tee

Koffie

kahvi

Espresso

espresso

Cappucino

cappuccino

Banaan

banaani

Appel

omena

Appelsien

appelsiini

Meloon

meloni

Zitroon

sitruuna

Wöttel

porkkana

Knuuvlook

valkosipuli

Bambus

bambu

Zibbel

sipuli

Poggenstohl

sieni

Nööt

pähkinät

Nudeln

spagetti

Spaghetti

spagetti

Ries

riisi

Salat

salaatti

Pommes frites

ranskalaiset

Braadkantüffeln

paistetut perunat

Pizza

pitsa

Hamborger

hampurilainen

Sandwich

voileipä

Snitzel

leike

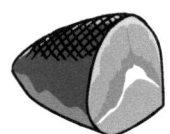

Schinken

kinkku

Salami

salami

Wust

makkara

Hohn

kana

Braden

paisti

Fisch

kala

Haverflocken

kaurahiutaleet

Müsli

mysli

Cornflakes

murot

Mehl

jauho

Croissant

voisarvi

Rundstück

sämpylä

Broot

leipä

Toast

paahtoleipä

Keksen

keksit

Botter

voi

Quark

rahka

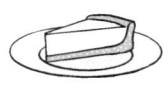

Koken

kakku

Ei

kananmuna

Spegelei

paistettu kananmuna

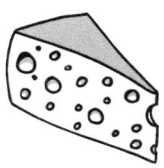

Kees

juusto

Ies

jäätelö

Zucker

sokeri

Honnig

hunaja

Marmelaad

hillo

Nougat-Creme

suklaapähkinälevite

Curry

curry

Buernhoff
maatila

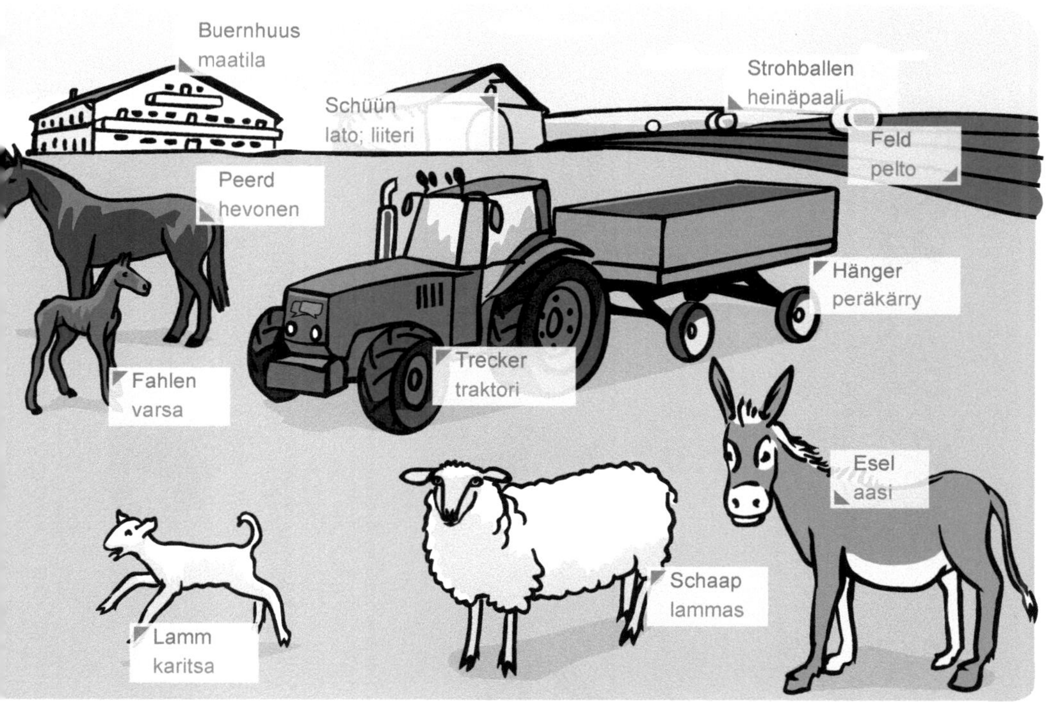
Buernhuus
maatila
Schüün
lato; liiteri
Strohballen
heinäpaali
Feld
pelto
Peerd
hevonen
Hänger
peräkärry
Fahlen
varsa
Trecker
traktori
Esel
aasi
Schaap
lammas
Lamm
karitsa

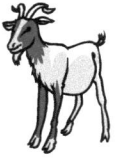

Zeeg

vuohi

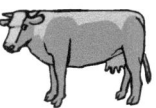

Koh

lehmä

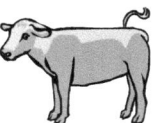

Kalf

vasikka

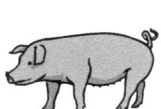

Swien

sika

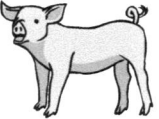

Farken

porsas

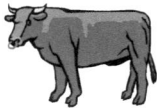

Bull

sonni

Goos

hanhi

Aant

ankka

Küken

tipu

Hohn

kana

Hahn

kukko

Rott

rotta

Katt

kissa

Muus

hiiri

Oss

härkä

Hund

koira

Hunnenhütt

koirankoppi

Goornslauch

puutarhaletku

Geetkann

kastelukannu

Lee

viikate

Ploog

aura

Sich

sirppi

Hack

kuokka

Mestfork

talikko

Ext

kirves

Schuufkoor

kottikärryt

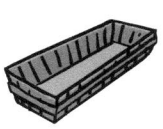

Trog

kaukalo

Melkkann

maitokannu

Sack

säkki

Tuun

aita

Stall

talli

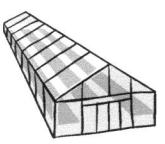

Drievhuus

kasvihuone

Bodden

maa

Saat

siemen

Dünger

lannoite

Meihdöscher

leikkuupuimuri

oornen

kerätä sato

Oorn

sato

Yamswöttel

jamssit

Weten

vehnä

Soja

soija

Kantüffel

peruna

Törksche Weten

maissi

Rapp

rypsi

Aaftboom

hedelmäpuu

Troopsch Kantüffel

maniokki

Koorn

vilja

Huus
talo

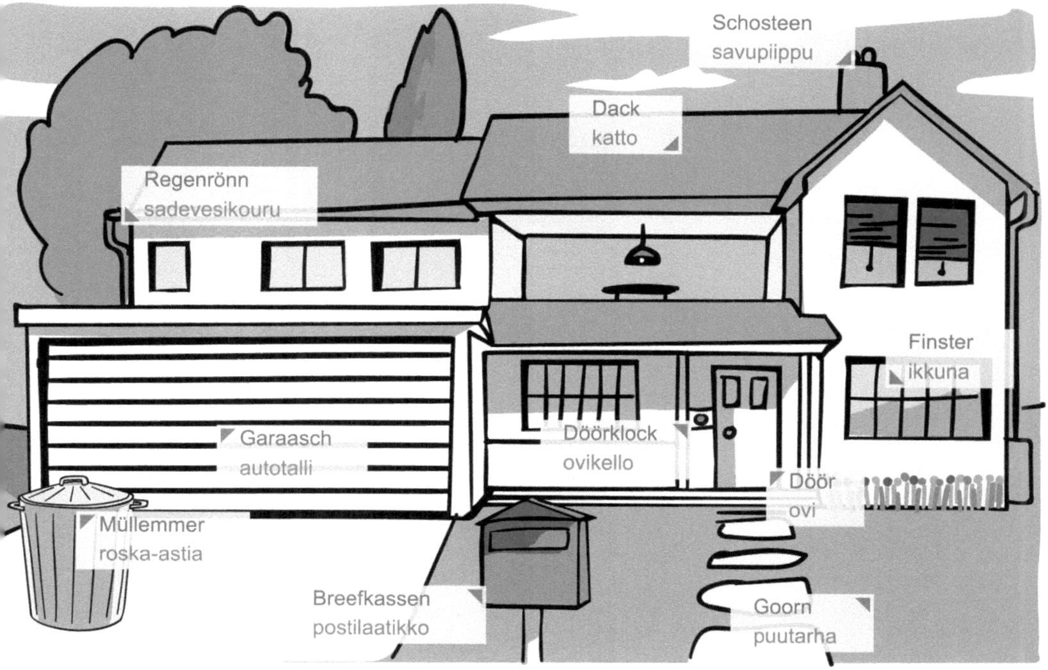
Schosteen
savupiippu
Dack
katto
Regenrönn
sadevesikouru
Finster
ikkuna
Garaasch
autotalli
Döörklock
ovikello
Döör
ovi
Müllemmer
roska-astia
Breefkassen
postilaatikko
Goorn
puutarha

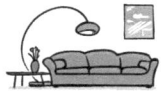

Wahnstuuv

olohuone

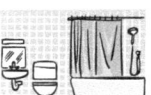

Baadstuuv

kylpyhuone

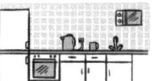

Köök

keittiö

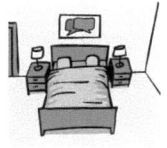

Slaapstuuv

makuuhuone

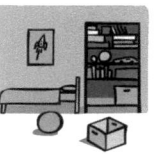

Kinnerstuuv

lastenhuone

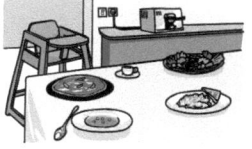

Eetstuuv

ruokahuone

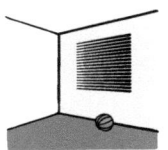

Footbodden

lattia

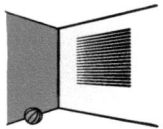

Wand

seinä

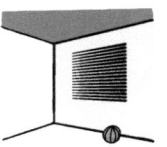

Deek

katto

Keller

kellari

Hittluftbad

sauna

Balkon

parveke

Terrass

terassi

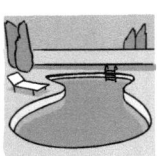

Swümmbad

uima-allas

Rasenmeiher

ruohonleikkuri

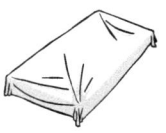

Bettbetog

lakana

Bettdeek

päiväpeitto

Puuch

sänky

Bessen

harja

Emmer

ämpäri

Schalter

katkaisin

Wahnstuuv
olohuone

Tapeet
tapetti
Bild
kuva
Lamp
lamppu
Regal
hylly
Schapp
kaappi
Kiekkassen
televisio
Kamin
takka
Bloom
kukka
Küssen
tyyny
Sofa
sohva
Vaas
maljakko
Feernbedenen
kaukosäädin

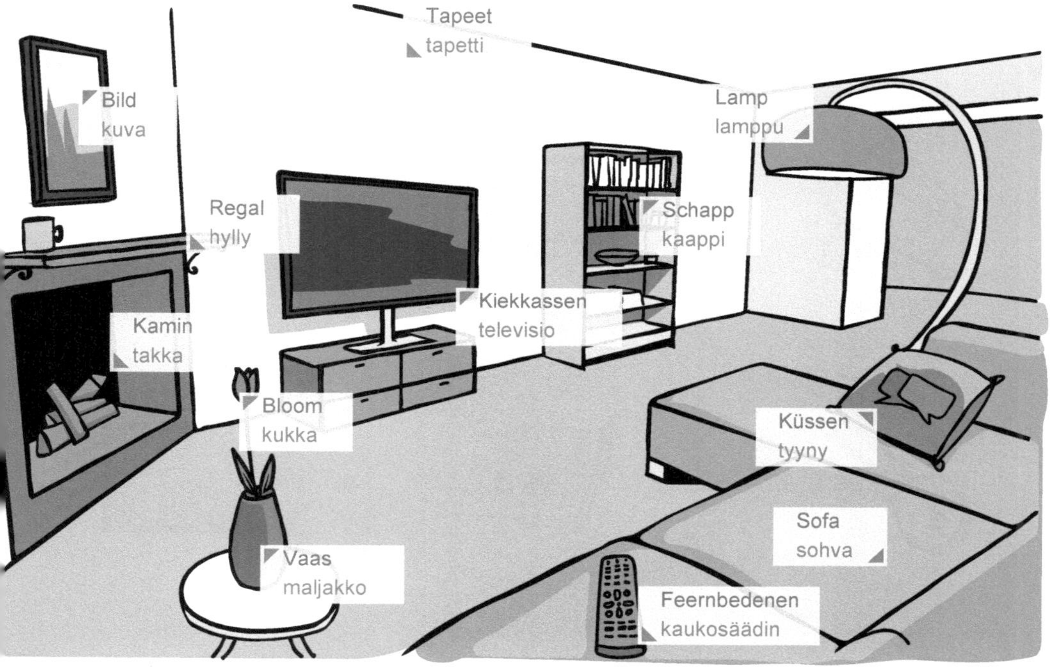

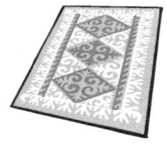

Teppich

matto

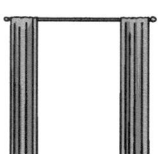

Vörhang

verho

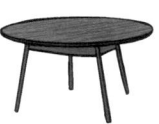

Disch

pöytä

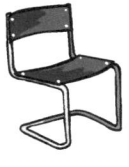

Stohl

tuoli

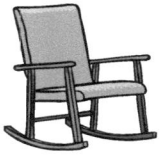

Schuckelstohl

keinutuoli

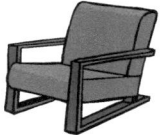

Sessel

nojatuoli

Book

kirja

Deek

peitto

Dekoratschoon

koriste

Füerholt

polttopuut

Film

elokuva

Stereoanlaag

stereot

Slötel

avain

Narichtenblatt

sanomalehti

Gemälde

maalaus

Poster

juliste

Radio

radio

Opschrievblock

muistivihko

Huulbessen

pölynimuri

Kaktus

kaktus

Kars

kynttilä

Köök
keittiö

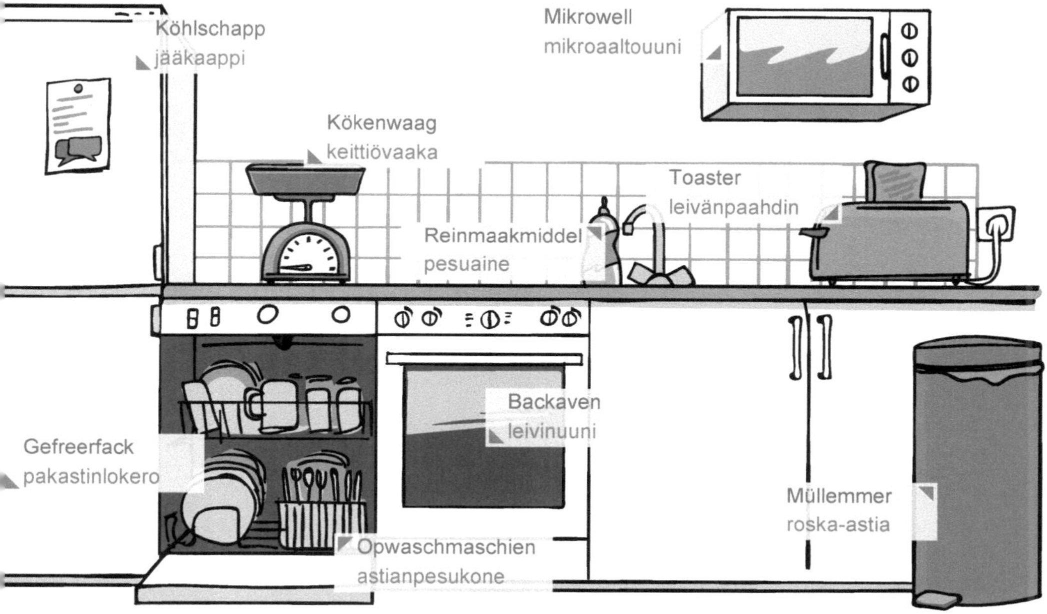

Köhlschapp
jääkaappi
Mikrowell
mikroaaltouuni
Kökenwaag
keittiövaaka
Toaster
leivänpaahdin
Reinmaakmiddel
pesuaine
Backaven
leivinuuni
Gefreerfack
pakastinlokero
Müllemmer
roska-astia
Opwaschmaschien
astianpesukone

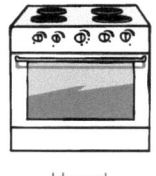

Heerd
liesi

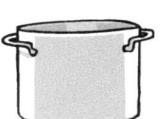

Pott
kattila

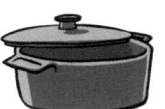

Gussiesern Putt
rautapata

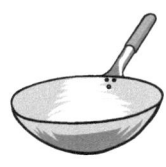

Wok / Kadai
okkipannu / kadai-pannu

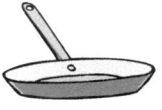

Pann
paistinpannu

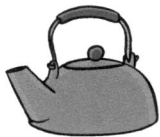

Waterkaker
teepannu

Dampkaakputt

höyrykeitin

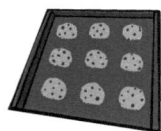

Backblick

uunipelti

Geschirr

astiat

Beker

muki

Schaal

kulho

Eetsticken

syömäpuikot

Suppenkell

kauha

Pannenwenner

paistinlasta

Sneebessen

vispilä

Kaakseef

siivilä

Seef

siivilä

Riev

raastin

Mörser

mortteli

Grill

grilli

Füerstell

avotuli

Sniedbrett

leikkuulauta

Nudelholt

kaulin

Proppentrecker

korkinavaaja

Doos

purkki

Dosenaapner

purkinavaaja

Pottlappen

pannulappu

Waschbecken

lavuaari

Böst

tiskiharja

Swamm

pesusieni

Mixer

tehosekoitin

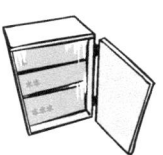

lesschapp

pakastin

Nuckelbuddel

tuttipullo

Waterhahn

vesihana

Baadstuuv
kylpyhuone

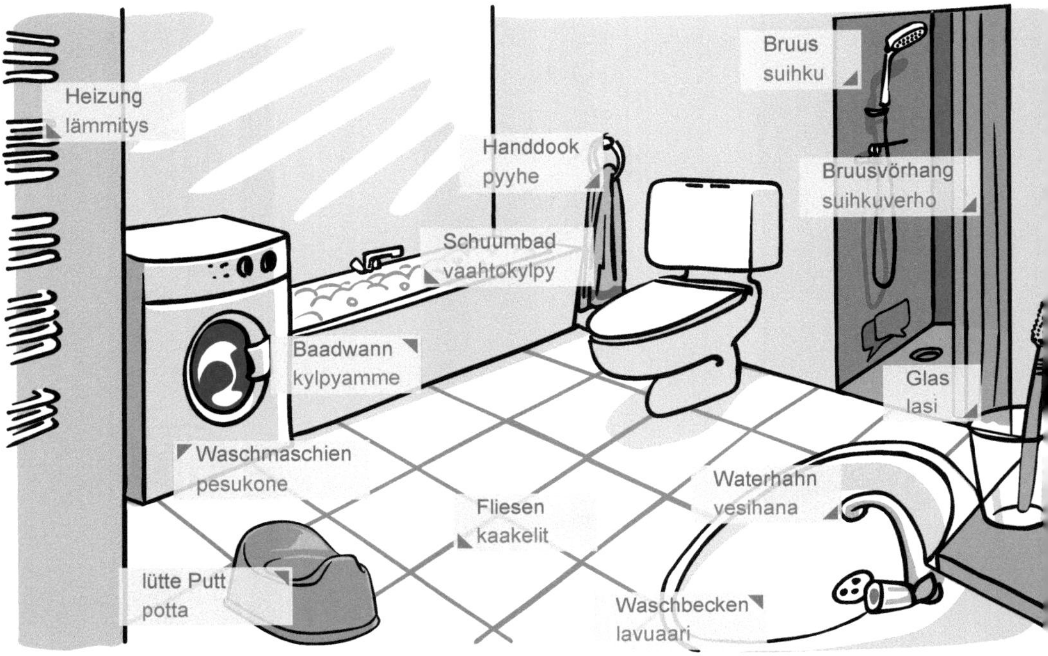

Heizung
lämmitys
Handdook
pyyhe
Bruus
suihku
Bruusvörhang
suihkuverho
Schuumbad
vaahtokylpy
Baadwann
kylpyamme
Glas
lasi
Waschmaschien
pesukone
Waterhahn
vesihana
Fliesen
kaakelit
lütte Putt
potta
Waschbecken
lavuaari

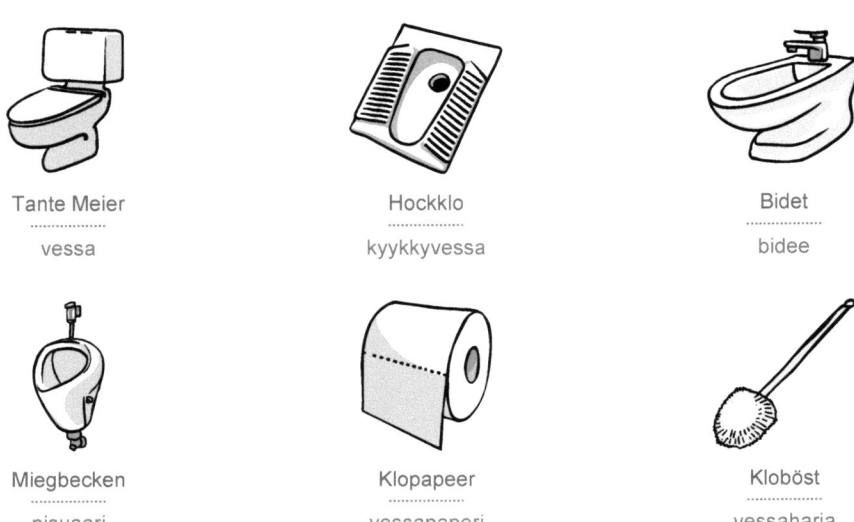

Tante Meier
vessa

Hockklo
kyykkyvessa

Bidet
bidee

Miegbecken
pisuaari

Klopapeer
vessapaperi

Kloböst
vessaharja

Tähnböst

hammasharja

Tähnpast

hammastahna

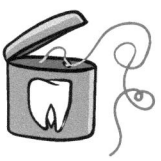

Tähnsied

hammaslanka

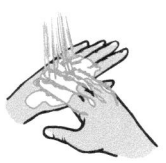

waschen

pestä

Handbruus

käsisuihku

Intimbruus

intiimisuihku

Waschschöttel

pesuvati

Rüchböst

selkäharja

Seep

saippua

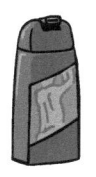

Bruusgeel

suihkugeeli

Hoorwaschmiddel

shampoo

Waschlappen

pesulappu

Afloop

viemäri

Creme

voide

Deodorant

deodorantti

Spegel
peili

Kosmetikspegel
käsipeili

Raserer
partaveitsi

Raseerschuum
partavaahto

Raseerwater
partavesi

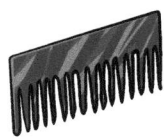

Kamm
kampa

Böst
harja

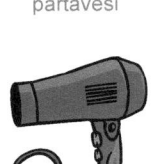

Hoordröger
hiustenkuivaaja

Hoorspray
hiuslakka

Smink
meikki

Lippensticken
huulipuna

Nagellack
kynsilakka

Watt
pumpuli

Nagelscheer
kynsisakset

Rüükwater
hajuvesi

Kulturbüdel

kosmetiikkalaukku

Schemel

jakkara

Waag

vaaka

Baadmantel

kylpytakki

Gummihanschen

kumihansikkaat

Tampon

tamponi

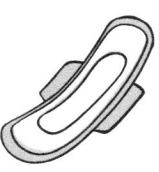

Damenbinn

terveysside

Chemieklo

kemiallinen wc

Kinnerstuuv
lastenhuone

Wecker
herätyskello
Knudeldeert
pehmolelu
Speeltüüchauto
leikkiauto
Klöter
helistin
Poppenhuus
nukkekoti
Geschenk
lahja

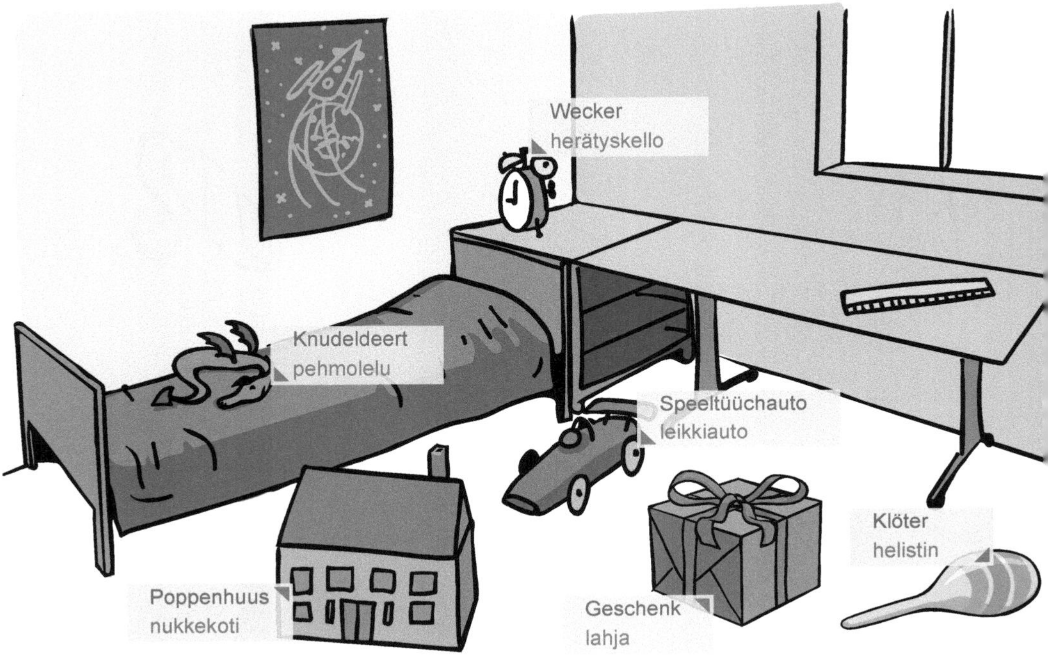

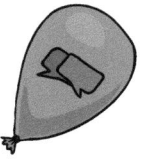

Luftballon

ilmapallo

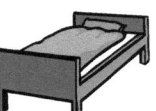

Puuch

sänky

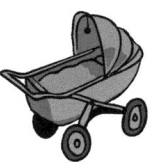

Kinnerwagen

lastenvaunut

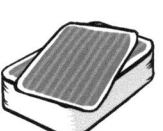

Koortenspeel

korttipeli

Puzzle

palapeli

SUPER
MEGA

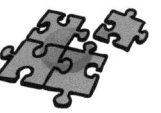

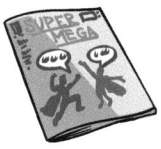

Billergeschicht

sarjakuva

Legostenen

legopalikat

Bustenen

rakennuspalikat

Action-Figur

supersankari

Strampelantog

potkupuku

Frisbeeschiev

frisbee

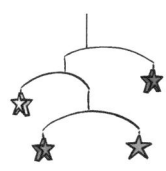

Mobile

mobile

Brettspeel

lautapeli

Wörpel

noppa

Modelliesenbahn

pienoisjunarata

Snuller

tutti

Party

juhlat

Billerbook

kuvakirja

Ball

pallo

Popp

nukke

spelen

leikkiä

Sandkassen

hiekkalaatikko

Schuckel

keinu

Speeltüüch

lelut

Speelkonsool

pelikonsoli

Dreerad

kolmipyörä

Teddyboor

nalle

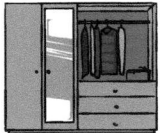

Klederschapp

vaatekaappi

Tüüch

vaatteet

Socken

sukat

Strümp

nylonsukat

Strumpbüx

sukkahousut

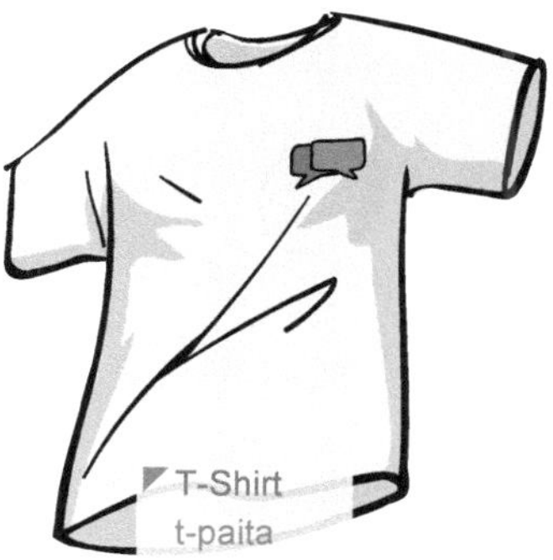

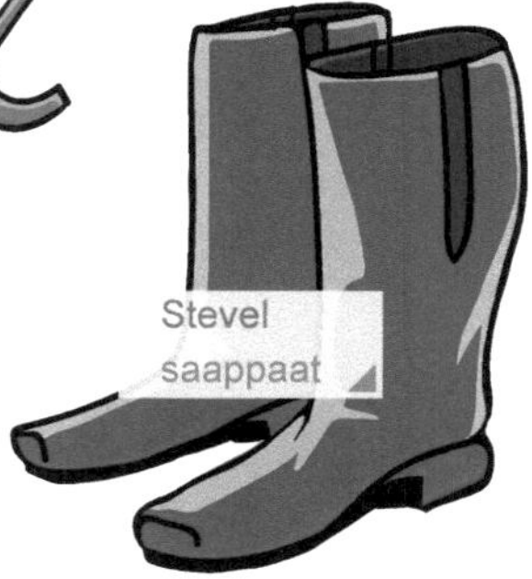

Halsdook
kaulaliina

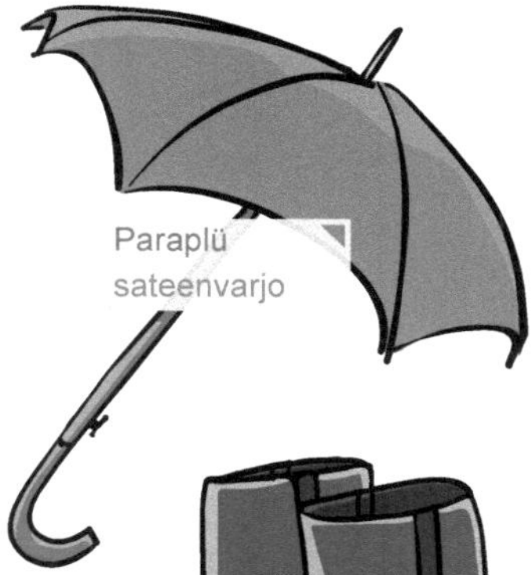

Liefreem
vyö

Paraplü
sateenvarjo

T-Shirt
t-paita

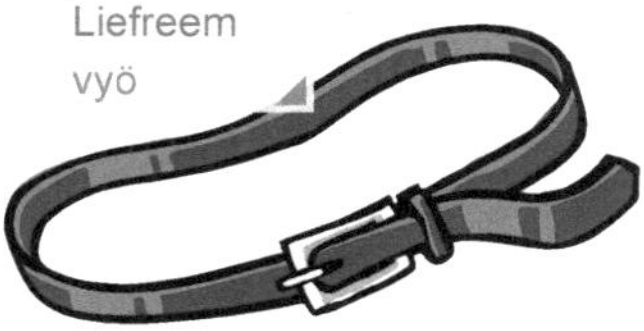

Stevel
saappaat

Turnschoh
lenkkarit

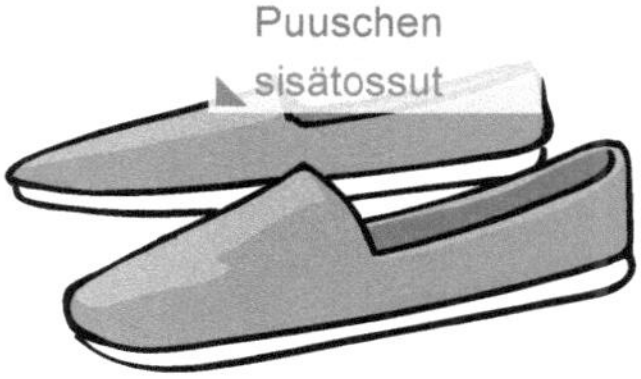

Puuschen
sisätossut

Sandalen
sandaalit

Schoh
kengät

Gummistevel
kumisaappaat

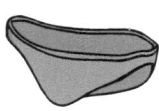

Ünnerbüx
alushousut

Bostholler
rintaliivit

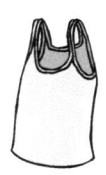

Ünnerhemd
aluspaita

Lief

body

Büx

housut

Jeansnüx

farkut

Rock

hame

Bluus

pusero

Hemd

paita

Pullover

villapaita

Kapuzenpullover

collegepaita

Blazer

jakku

Jack

takki

Mantel

takki

Övertrecker

sadetakki

Kostüm

puku

Kleed

mekko

Hochtietskleed

hääpuku

Antog

puku

Nachtkleed

yöpaita

Slaapantog

pyjama

Sari

shari

Koppdook

päähuivi

Turban

turbaani

Burka

burka

Kaftan

kaftaani

Abaya

abaya

Baadantog

uimapuku

Baadbüx

uimahousut

Korte Büx

shortsit

Antog to'n Öven

verkkarit

Schört

esiliina

Handschoh

käsineet

Knopp

nappi

Brill

silmälasit

Armband

rannekoru

Halskeed

kaulakoru

Ring

sormus

Ohrbummel

korvakoru

Mütz

lippalakki

Klederbögel

ripustin

Hoot

hattu

Binner

solmio

Rietslüter

vetoketju

Helm

kypärä

Drachtband

henkselit

Schooluniform

koulupuku

Uniform

univormu

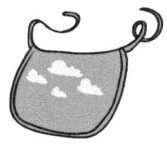

Severböten

ruokalappu

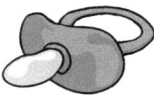

Snuller

tutti

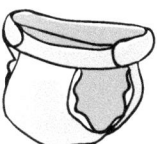

Winnel

vaippa

Büro

toimisto

Server
palvelin
Aktenschapp
asiakirjakaappi
Drucker
tulostin
Papeer
paperi
Bildschirm
näyttö
Muus
hiiri
Schrievdisch
kirjoituspöytä
Orner
kansio
Knoopboord
näppäimistö
Papeerkorf
roskakori
Computer
tietokone
Stohl
tuoli

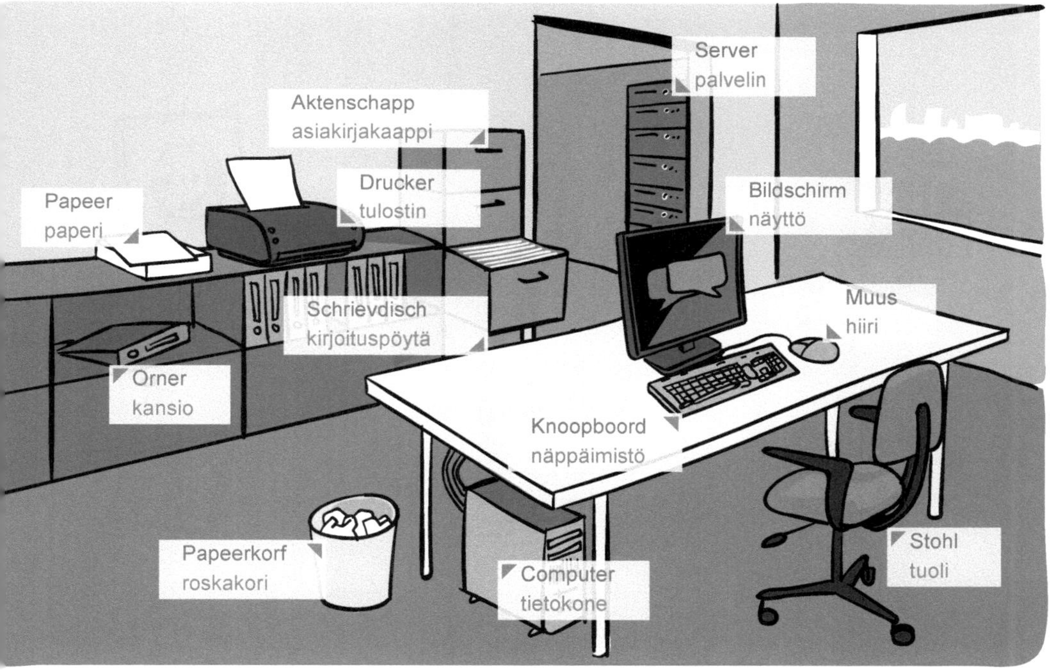

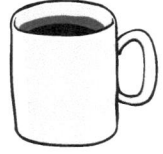

Koffiebeker

kahvimuki

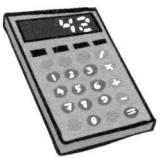

Taschenreekner

taskulaskin

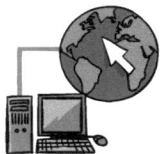

Internet

internet

Klappreekner

kannettava tietokone

Breef

kirje

Naricht

viesti

Ackersnacker

kännykkä

Nettwark

verkko

Kopeerapparat

kopiokone

Software

ohjelmisto

Klöönkassen

puhelin

Steekdoos

pistorasia

Faxapparat

faksi

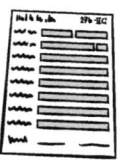

Formulor

lomake

Dokument

asiakirja

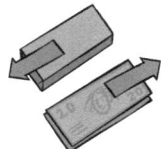

köpen

ostaa

betahlen

maksaa

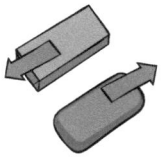

hanneln

vaihtaa

Geld

raha

Dollar

dollari

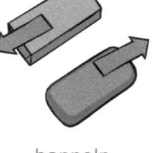

Euro

euro

Yen

jeni

Ruvel

rupla

Swiezer Franken

frangi

Renminbi Yuan

renminbi juan

Rupie

rupia

Geldautomat

pankkiautomaatti

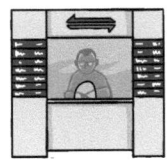

Wesselstuuv

rahanvaihto

Gold

kulta

Sülver

hopea

Ööl

öljy

Energie

energia

Pries

hinta

Verdrag

sopimus

Stüer

vero

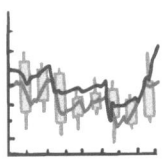

Andeelschien

osake

arbeiden

työskennellä

Anstellte

työntekijä

Arbeitgever

työnantaja

Fabrik

tehdas

Hökerie

liike

Profeschonen
ammatit

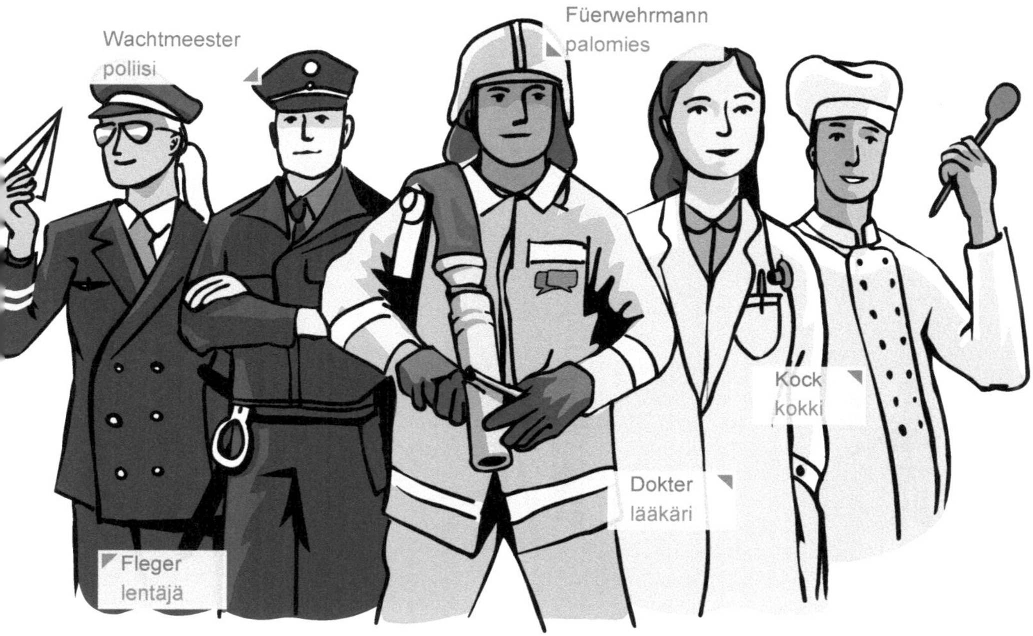
Wachtmeester
poliisi
Füerwehrmann
palomies
Kock
kokki
Dokter
lääkäri
Fleger
lentäjä

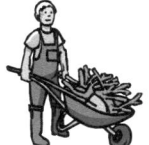

Goorner

puutarhuri

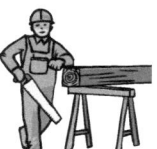

Discher

puuseppä

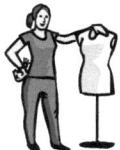

Neihersche

ompelija

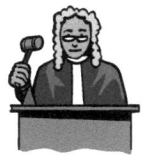

Richter

tuomari

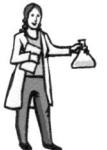

Chemiker

kemisti

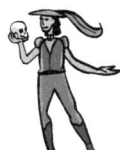

Schauspeler

näyttelijä

Busfohrer

linja-autonkuljettaja

Taxifohrer

taksinkuljettaja

Fischer

kalastaja

Reinmaakfru

siivooja

Dackdecker

katontekijä

Kellner

tarjoilija

Jäger

metsästäjä

Maler

maalari

Bäcker

leipuri

Elektriker

sähköasentaja

Buarbeider

rakentaja

Ingenieur

insinööri

Slachter

teurastaja

Klempner

putkiasentaja

Postbüdel

postinjakaja

Suldat

sotilas

Architekt

arkkitehti

Kasserer

kassanhoitaja

Florist

floristi

Putzbüdel

kampaaja

Schaffner

konduktööri

Mechaniker

mekaanikko

Kaptein

kapteeni

Tähndokter

hammaslääkäri

Wetenschopler

tiedemies

Rabbi

rabbi

Imam

imaami

Mönk

munkki

Paap

pappi

Warktüüch
työkalut

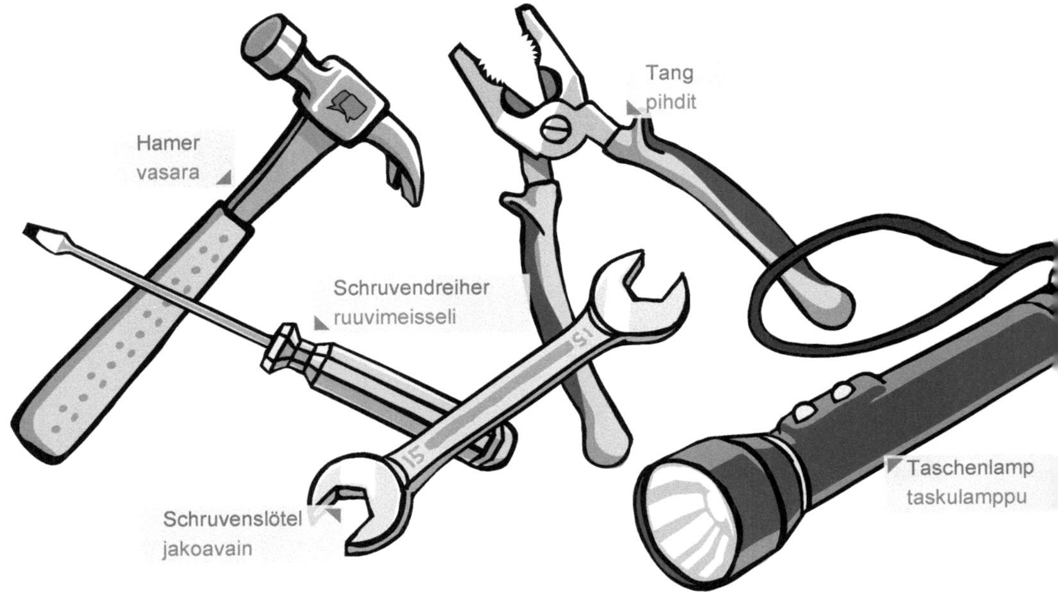
Tang
pihdit
Hamer
vasara
Schruvendreiher
ruuvimeisseli
Taschenlamp
taskulamppu
Schruvenslötel
jakoavain

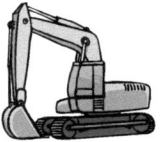

Grieper

kaivinkone

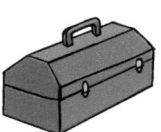

Warktüüchkassen

työkalupakki

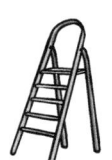

Ledder

tikkaat

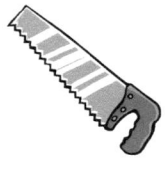

Saag

saha

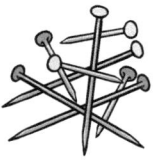

Nagels

naulat

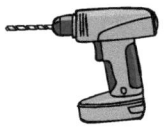

Bohrer

pora

heelmaken

korjata

Schüffel

lapio

Schiet!

Hitto!

Kehrblick

rikkalapio

Farvpott

maalipurkki

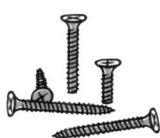

Schruven

ruuvit

Musikinstrumenten
soittimet

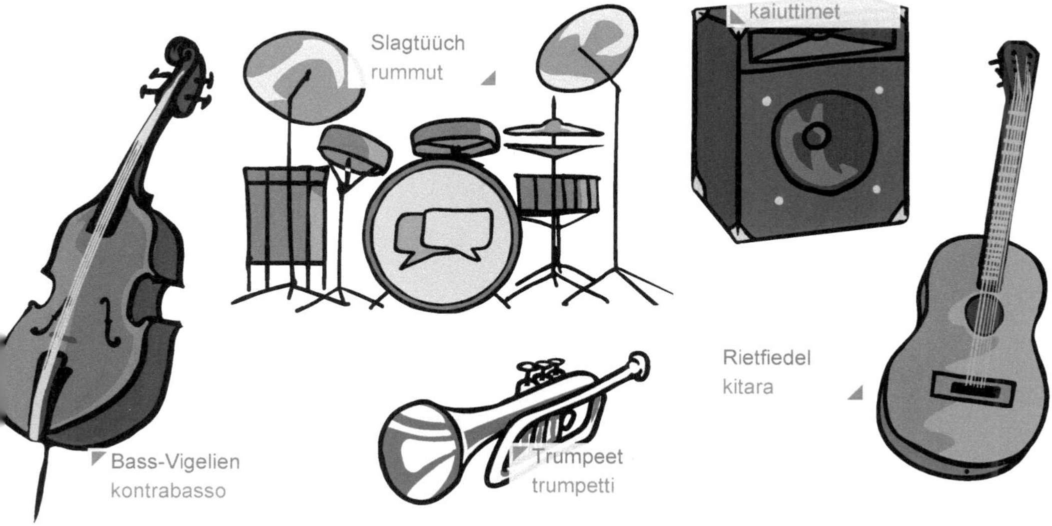

Slagtüüch
rummut

Luutsnacker
kaiuttimet

Rietfiedel
kitara

Bass-Vigelien
kontrabasso

Trumpeet
trumpetti

Klaveer

piano

Vigelien

viulu

Bass

basso

Pauk

patarummut

Trummeln

rumpu

Keyboard

kosketinsoitin

Saxophon

saksofoni

Fleut

huilu

Mikrofoon

mikrofoni

Deertenpark
eläintarha

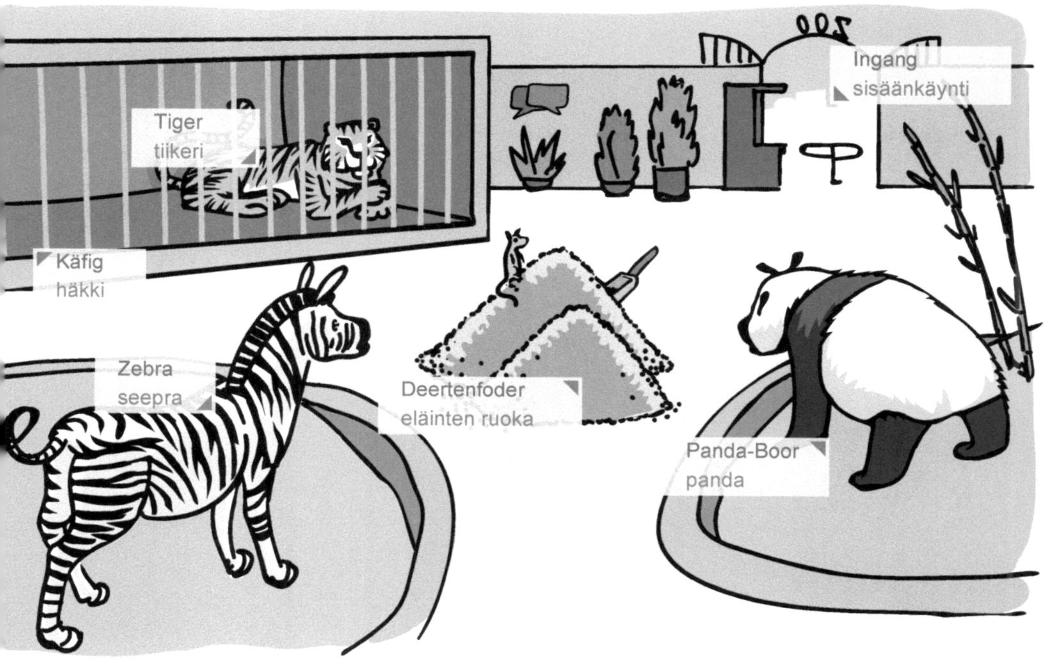
Ingang
sisäänkäynti
Tiger
tiikeri
Käfig
häkki
Zebra
seepra
Deertenfoder
eläinten ruoka
Panda-Boor
panda

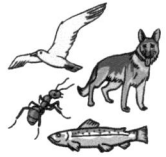

Deerten
eläimet

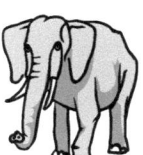

Elefant
norsu

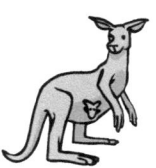

Känguru
kenguru

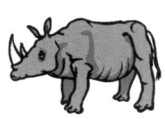

Neeshoorn
sarvikuono

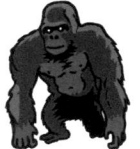

Gorilla
gorilla

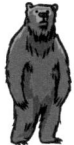

Boor
karhu

Kameel

kameli

Struuß

strutsi

Lööv

leijona

Aap

apina

Flamingo

flamingo

Papagoi

papukaija

Iesboor

jääkarhu

Pinguin

pingviini

Haifisch

hai

Pageluun

riikinkukko

Slang

käärme

Krokodil

krokotiili

Oppasser in'n Deertenpark

eläintarhanhoitaja

Saalhund

hylje

Jaguor

jaguaari

Pony

poni

Leopard

leopardi

Nilpeerd

virtahepo

Giraff

kirahvi

Aadler

kotka

Wildswien

villisika

Fisch

kala

Schildkrööt

kilpikonna

Walross

mursu

Voss

kettu

Gazell

gaselli

Amerikaansch Football
amerikkalainen jalkapallo

Radfohren
pyöräily

Tennis
tennis

Korfball
koripallo

Swümmen
uinti

Boxen
nyrkkeily

Ieshockey
jääkiekko

Football
jalkapallo

Fedderball
sulkapallo

Leichtathletik
yleisurheilu

Handball
käsipallo

Skilopen
hiihto

Polo
poolo

Aktivitäten
aktiviteetit

springen
hypätä
ümarmen
halata
lachen
nauraa
gahn
kävellä
singen
laulaa
drömen
unelmoida
beden
rukoilla
snuteln
suudella

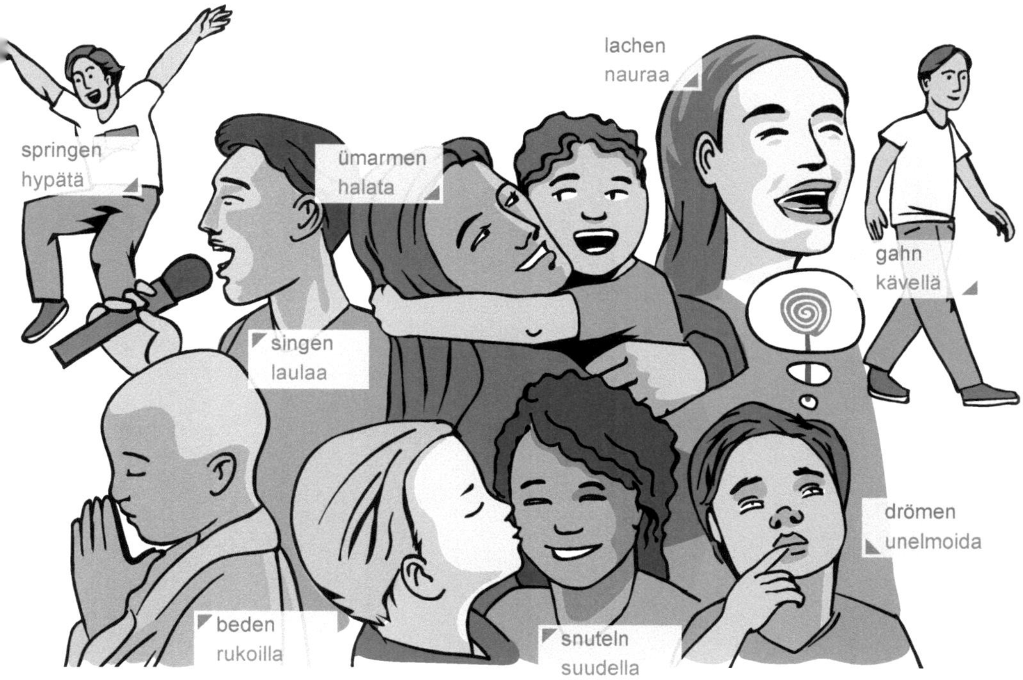

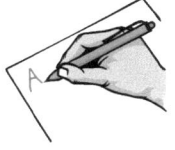

schrieven

kirjoittaa

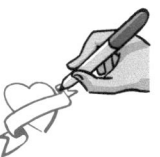

teken

piirtää

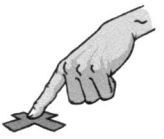

wiesen

näyttää

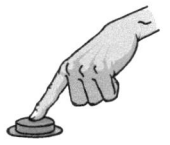

drücken

painaa

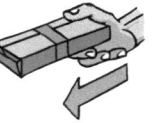

geven

antaa

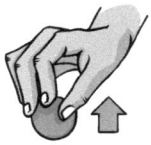

nehmen

ottaa

hebben

omistaa

doon

tehdä

sien

olla

stahn

seisoa

lopen

juosta

trecken

vetää

smieten

heittää

fallen

kaatua

liggen

maata

töven

odottaa

dregen

kantaa

sitten

istua

antrecken

pukeutua

slapen

nukkua

opwaken

herätä

ankieken

katsoa

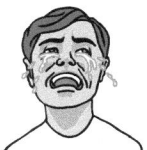

wenen

itkeä

eien

silittää

kämmen

kammata

snacken

puhua

verstahn

ymmärtää

fragen

kysyä

hören

kuunnella

drinken

juoda

eten

syödä

oprümen

siivota

leefhebben

rakastaa

kaken

keittää

fohren

ajaa

flegen

lentää

segeln

purjehtia

reken

laskea

lesen

lukea

lehren

oppia

arbeiden

työskennellä

de Plünnen tohoopsmieten

mennä naimisiin

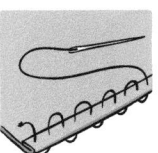

neihen

ommella

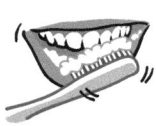

Tähnen putzen

pestä hampaat

dootmaken

tappaa

smöken

tupakoida

schicken

lähettää

Familje
perhe

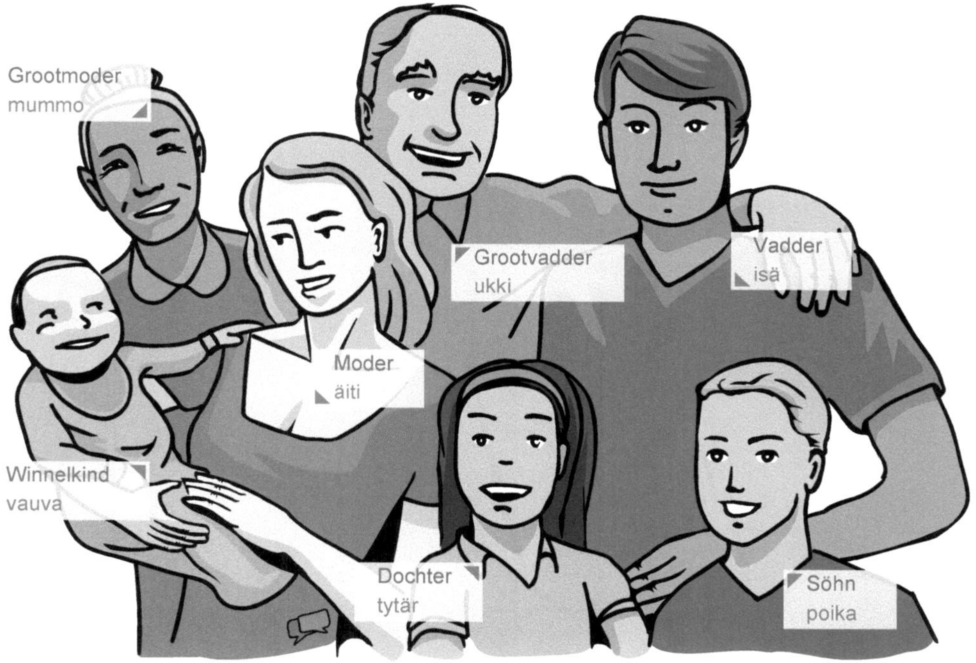
Grootmoder
mummo
Grootvadder
ukki
Vadder
isä
Moder
äiti
Winnelkind
vauva
Dochter
tytär
Söhn
poika

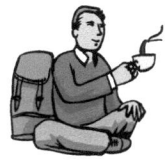

Gast

vieras

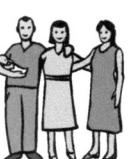

Tant

täti

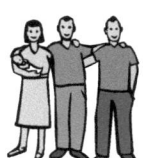

Unkel

setä

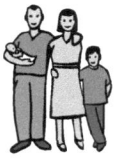

Broder

veli

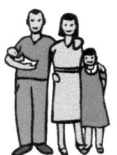

Süster

sisko

Lief

vartalo

Vörkopp
otsa
Oog
silmä
Schuller
olkapää
Finger
sormet
Gesicht
kasvot
Kinn
leuka
Hand
käsi
Been
jalka
Bost
rinta
Arm
käsivarsi

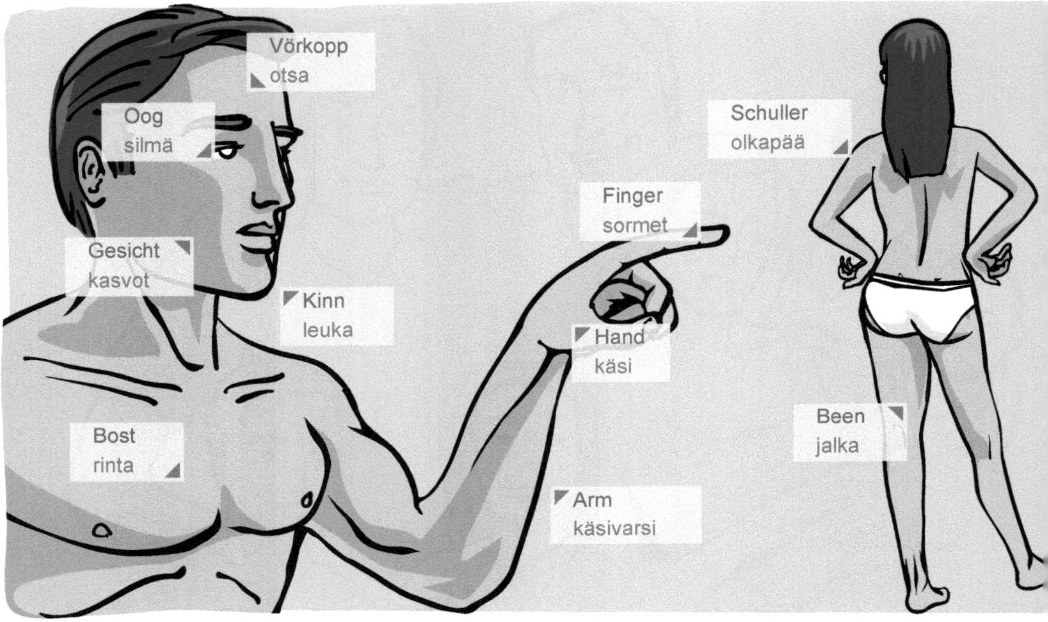

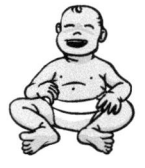

Winnelkind

vauva

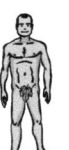

Mann

mies

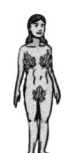

Fro

nainen

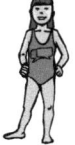

Deern

tyttö

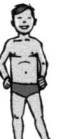

Jung

poika

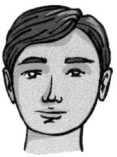

Arm

pää

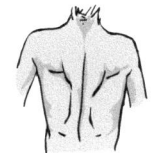

Rüch

selkä

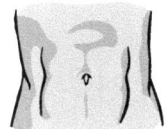

Buuk

maha

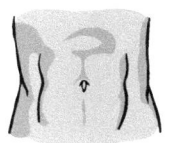

Navel

napa

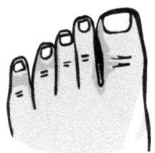

Teh

varvas

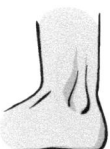

Hack

kantapää

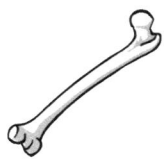

Knaken

luu

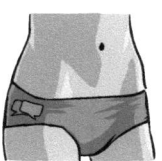

Hüft

lantio

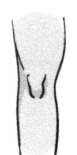

Knee

polvi

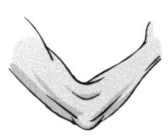

Ellbagen

kyynärpää

Nees

nenä

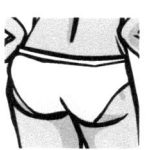

Achtersen

takapuoli

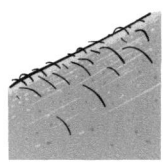

Huut

iho

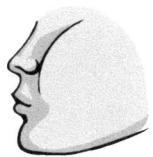

Back

poski

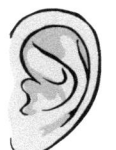

Ohr

korva

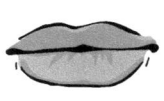

Lipp

huuli

Mund

suu

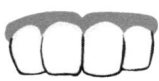

Tähn

hammas

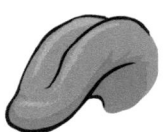

Tung

kieli

Bregen

aivot

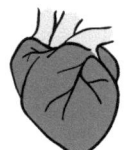

Hart

sydän

Muskel

lihas

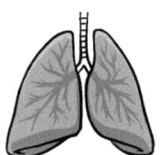

Lung

keuhkot

Lever

maksa

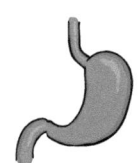

Maag

vatsa

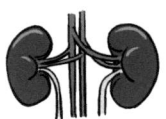

Neren

munuaiset

Bislaap

seksi

Kondoom

kondomi

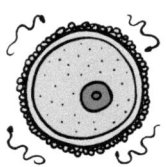

Eizell

munasolu

Sperma

sperma

Anner Ümstänn

raskaus

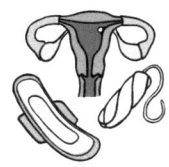

Menstruatschoon

kuukautiset

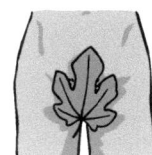

Scheed

vagina

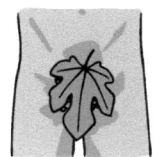

Pint

penis

Ogenbroe

kulmakarvat

Hoor

hiukset

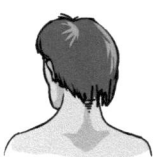

Hals

niska

Krankenhuus

sairaala

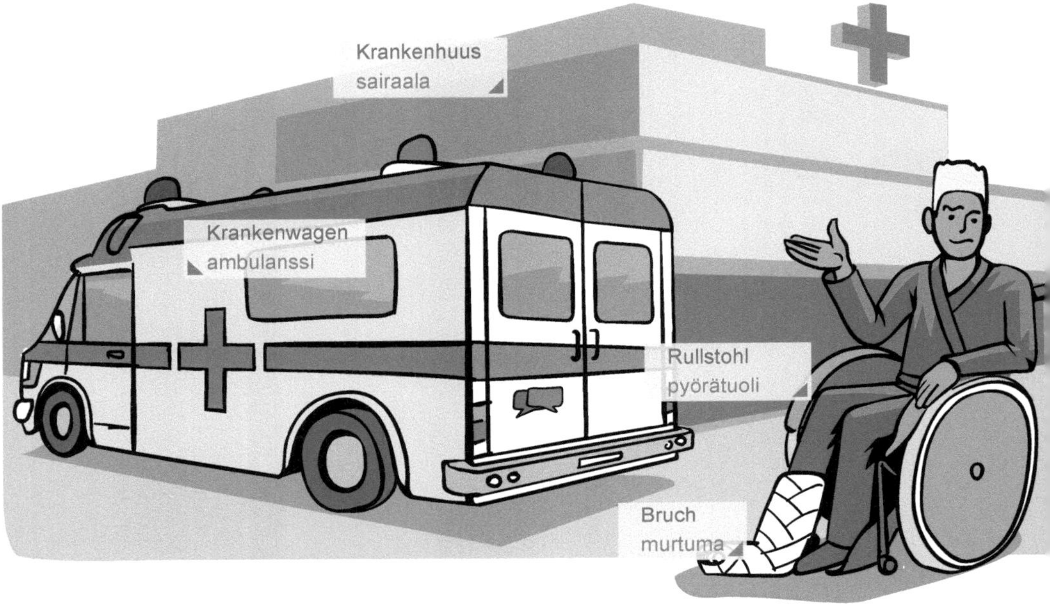

Krankenhuus
sairaala
Krankenwagen
ambulanssi
Rullstohl
pyörätuoli
Bruch
murtuma

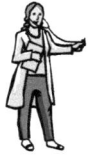

Dokter

lääkäri

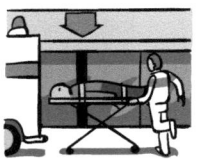

Nootopnahm

ensiapu

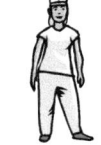

Krankensüster

sairaanhoitaja

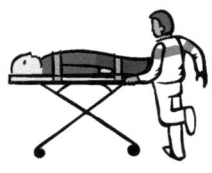

Nootfall

hätätilanne

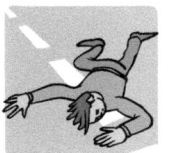

ahnmächtig

tajuton

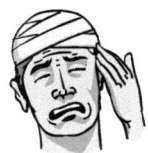

Wehdaag

kipu

Verwunnen

vamma

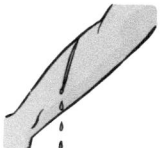

Blöden

verenvuoto

Hartinfarkt

sydänkohtaus

Slaganfall

aivoinfarkti

Allergie

allergia

Hoosten

yskä

Fever

kuume

Gripp

flunssa

Dörchfall

ripuli

Koppwehdaag

päänsärky

Kreeft

syöpä

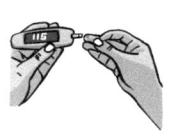

Zuckersüük

diabetes

Chirurg

kirurgi

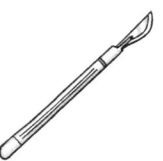

Chirurgsch Mess

veitsi

Operatschoon

leikkaus

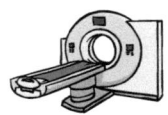

CT

ct

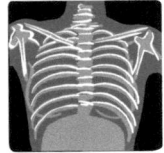

Dörchlüchten

röntgen

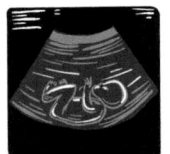

Ultraschall

ultraääni

Mask

maski

Krankheit

sairaus

Töövruum

odotushuone

Krück

sauva

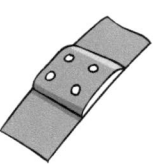

Plaaster

laastari

Verband

side

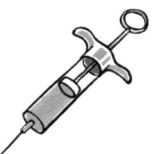

Insprütten

pistos

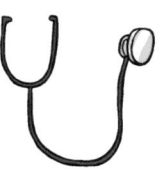

Stethoskop

stetoskooppi

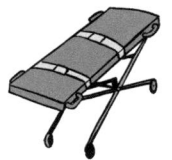

Draag

paarit

Feverthermometer

kuumemittari

Geboort

syntymä

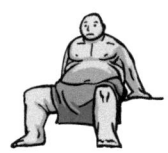

Övergewicht

ylipaino

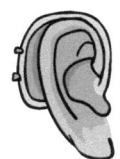

Höörapparat

kuulolaite

Kiemfriemiddel

desinfiointiaine

Ansteken

infektio

Virus

virus

HIV / AIDS

HIV / AIDS

Heelmiddel

lääke

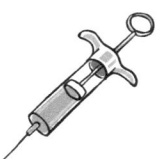

Impen

rokotus

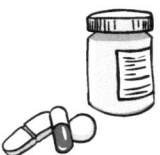

Tabletten

tabletit

Pill

pilleri

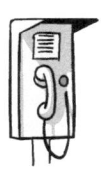

Nootroop

hätäpuhelu

Blootdruck-Meter

verenpainemittari

krank / gesund

sairas / terve

Hölp!

Apua!

Alarm

hälytys

Överfall

ryöstö

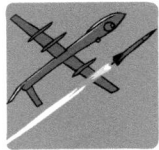

Angreep

hyökkäys

Gefohr

vaara

Nootutgang

hätäuloskäynti

Füer!

Tulipalo!

Füerlöscher

palosammutin

Unfall

onnettomuus

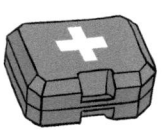

Noothölpkoffer

ensiapulaukku

SOS

SOS

Polizei

poliisilaitos

Europa

Eurooppa

Noordamerika

Pohjois-Amerikka

Süüdamerika

Etelä-Amerikka

Afrika

Afrikka

Asien

Aasia

Australien

Australia

Atlantik

Atlantin valtameri

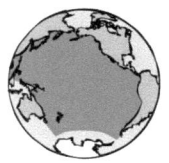

Pazifik

Tyynimeri

Indisch Weltmeer

Intian valtameri

Antarktisch Weltmeer

Eteläinen jäämeri

Arktisch Weltmeer

Pohjoinen jäämeri

Noordpol

pohjoisnapa

Süüdpol

etelänapa

Antarktis

Antarktis

Eerd

maa

Land

maa

See

meri

Eiland

saari

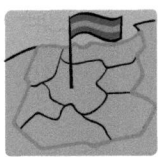

Natschoon

kansa

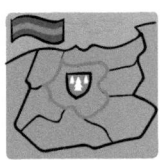

Staat

osavaltio

Tallenblatt

kellotaulu

Stunnenwieser

tuntiviisari

Minutenwieser

minuuttiviisari

Sekunnenwieser

sekuntiviisari

Wo laat is dat?

Paljonko kello on?

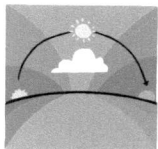

Dag

päivä

Tiet

aika

nu

nyt

digetaalsch Klock

digitaalikello

Minuut

minuutti

Stunn

tunti

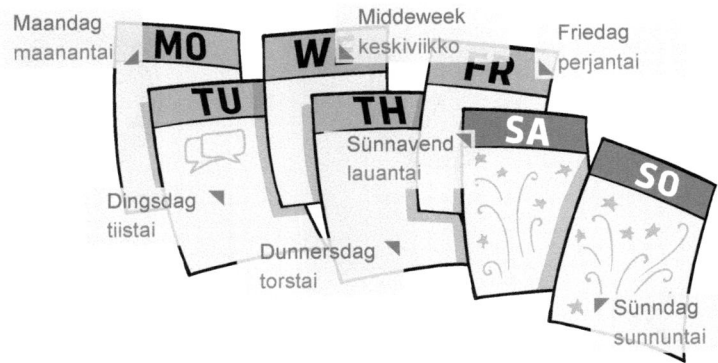

Maandag / maanantai — MO
Middeweek / keskiviikko — W
Friedag / perjantai — FR
TU
TH
SA
SO
Dingsdag / tiistai
Dunnersdag / torstai
Sünnavend / lauantai
Sünndag / sunnuntai

güstern
eilen

hüüt
tänään

morgen
huomenna

Morgen
aamu

Meddag
keskipäivä

Avend
ilta

MO	TU	WE	TH	FR	SA	SU
1	2	3	4	5	6	7
8	9	10	11	12	13	14
15	16	17	18	19	20	21
22	23	24	25	26	27	28
29	30	31	1	2	3	4

Arbeitsdaag
työpäivät

MO	TU	WE	TH	FR	SA	SU
1	2	3	4	5	6	7
8	9	10	11	12	13	14
15	16	17	18	19	20	21
22	23	24	25	26	27	28
29	30	31	1	2	3	4

Wekenenn
viikonloppu

Regen
sade

Regenbagen
sateenkaari

Snee
lumi

Wind
tuuli

Fröhjohr
kevät

Harvst
syksy

Sommer
kesä

Winter
talvi

4.APRIL	11°	☀
5.APRIL	4°	🌧
6.APRIL	13°	🌧
7.APRIL	8°	❄
8.APRIL	10°	☀

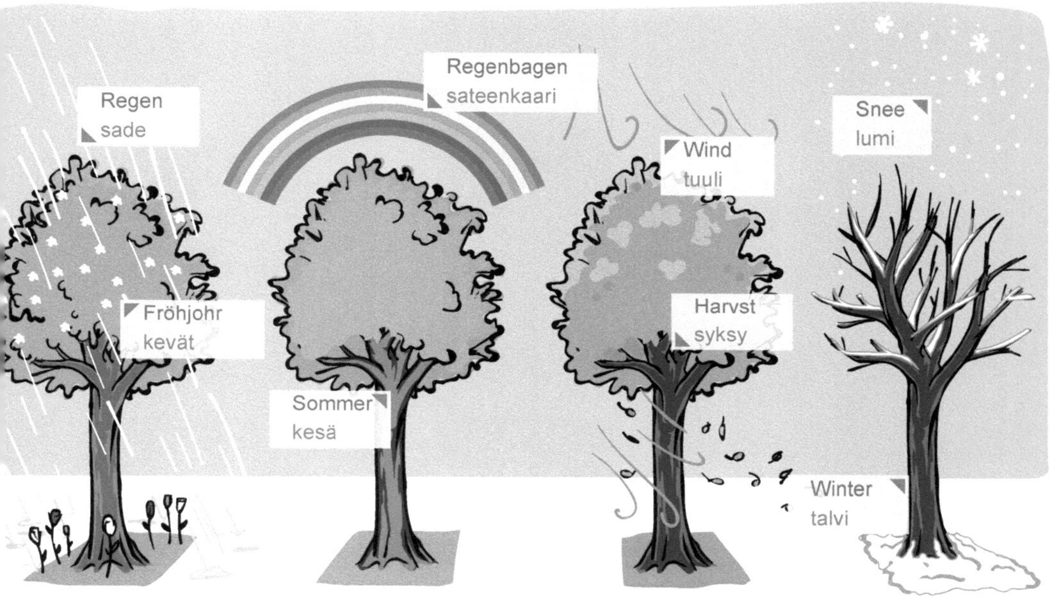

Wedervörhersaag

sääennuste

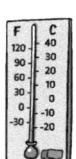

Thermometer

lämpömittari

Sünnenschien

auringonpaiste

Wulk

pilvi

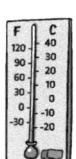

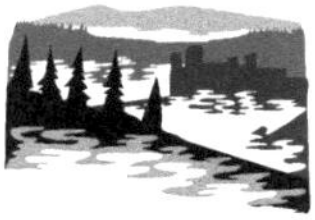

Nevel

sumu

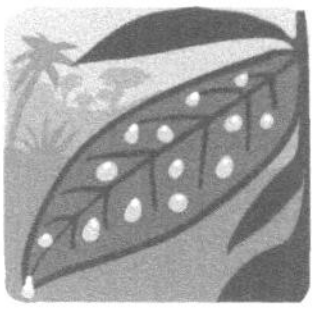

Luftfuchtigkeit

ilmankosteus

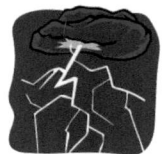

Blitz

salama

Dunner

ukkonen

Storm

myrsky

Hagel

rae

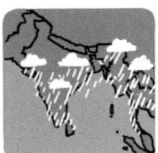

Monsun

monsuuni

Floot

tulva

Ies

jää

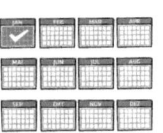

Januormaand

tammikuu

Februormaand

helmikuu

Martmaand

maaliskuu

Aprilmaand

huhtikuu

Maimaand

toukokuu

Junimaand

kesäkuu

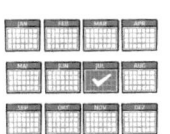

Julimaand

heinäkuu

Augustmaand

elokuu

Septembermaand

syyskuu

Oktobermaand

lokakuu

Novembermaand

marraskuu

Dezembermaand

joulukuu

Formen
muodot

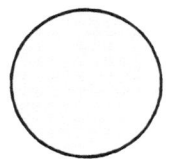

Krink

ympyrä

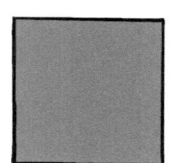

Quadrat

neliö

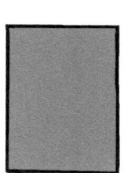

Rechteck

suorakulmio

Dreeeck

kolmio

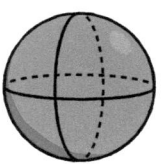

Kugel

pallo

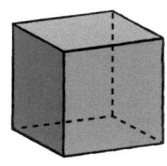

Wörpel

kuutio

witt

valkoinen

geel

keltainen

orangsch

oranssi

pink

vaaleanpunainen

root

punainen

lila

violetti

blau

sininen

gröön

vihreä

bruun

ruskea

gries

harmaa

swart

musta

veel / wenig

paljon / vähän

böös / verdreeglich

vihainen / ystävällinen

smuck / mies

kaunis / ruma

Begünn / Enn

alku / loppu

groot / lütt

suuri / pieni

hell / düüster

vaalea / tumma

Broder / Süster

veli / sisko

schier / schietig

puhdas / likainen

kumpleet / nich kumpleet

täydellinen / epätäydellinen

Dag / Nacht

päivä / yö

doot / lebennig

kuollut / elävä

breet / small

leveä / kapea

geneetbor / nich geneetbor

syötävä / syömäkelvoton

böös / fründlich

paha / kiltti

fickerig / langwielt

innostunut / tylsistynyt

dick / dünn

lihava / laiha

toeerst / toletzt

ensimmäinen / viimeinen

Fründ / Fiend

ystävä / vihollinen

vull / leddig

täysi / tyhjä

hart / week

kova / pehmeä

swoor / licht

painava / kevyt

Smacht / Döst

nälkä / jano

krank / gesund

sairas / terve

nich na't Recht / na't Recht

laiton / laillinen

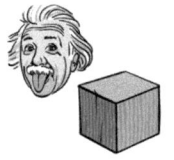

klook / dummerhaftig

älykäs / tyhmä

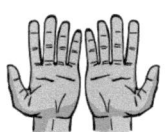

linkerhand / rechterhand

vasen / oikea

neeg / feern

lähellä / kaukana

nieg / bruukt

uusi / käytetty

nix / wat

ei mitään / jotain

oolt / jung

vanha / nuori

an / ut

päällä / pois päältä

apen / slaten

auki / kiinni

lies / luut

hiljainen / äänekäs

riek / arm

rikas / köyhä

richtig / verkehrt

oikein / väärin

ruug / glatt

karhea / sileä

trurig / glücklich

surullinen / iloinen

kort / lang

lyhyt / pitkä

suutje / flink

hidas / nopea

natt / dröög

märkä / kuiva

warm / köhl

lämmin / viileä

Krieg / Freden

sota / rauha

0

null

nolla

1

een

yksi

2

twee

kaksi

3

dree

kolme

4

veer

neljä

5

fief

viisi

6

söss

kuusi

7

söven

seitsemän

8

acht

kahdeksan

9

negen

yhdeksän

10

teihn

kymmenen

11

ölven

yksitoista

12

twölf
kaksitoista

13

dörteihn
kolmetoista

14

veerteihn
neljätoista

15

föffteihn
viisitoista

16

sössteihn
kuusitoista

17

söventeihn
seitsemäntoista

18

achtteihn
kahdeksantoista

19

negenteihn
yhdeksäntoista

20

twintig
kaksikymmentä

100

hunnert
sata

1.000

dusend
tuhat

1.000.000

million
miljoona

Engelsch

englanti

Amerikaansch Engelsch

amerikanenglanti

Chineesch Mandarin

mandariinikiina

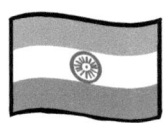

Hindi

hindi

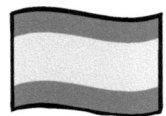

Spaansch

espanja

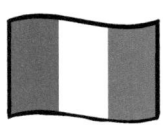

Franzöösch

ranska

Araabsch

arabia

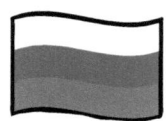

Rusch

venäjä

Portugiesch

portugali

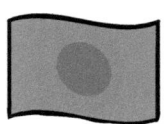

Bengaalsch

bengali

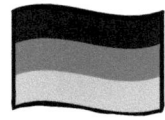

Düütsch

saksa

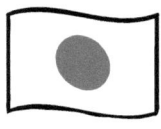

Japaansch

japani

ik

minä

du

sinä

he / se / dat

hän

wi

me

ji

te

se

he

keen?

kuka?

wat?

mitä / mikä?

woans?

miten?

woneem?

missä?

wannehr?

milloin?

Naam

nimi

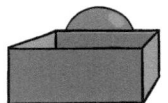

achter

takana

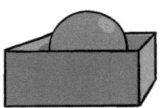

in

sisällä

vör

edessä

över

yläpuolella

op

päällä

ünner

alapuolella

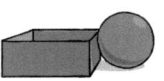

blangen

vieressä

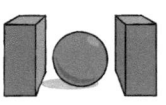

twüschen

välissä

Oort

paikka